A Arte de Gerir Pessoas

A ARTE DE GERIR PESSOAS

AUTOR
Fernando Neves de Almeida

EDITOR
CONJUNTURA ACTUAL EDITORA, S.A.
Sede: Rua Fernandes Tomás, 76-80, 3000-167 Coimbra
Tel.: 239 851 904 · Fax: 239 851 901
Delegação: Rua Luciano Cordeiro, 123, 1º Esq., 1069-157 Lisboa
Tel.: 213 190 240 · Fax: 213 190 249
www.actualeditora.pt

DESIGN DE CAPA
FBA.

PRÉ-IMPRESSÃO
EDIÇÕES ALMEDINA, S.A.

IMPRESSÃO E ACABAMENTO
DPS - DIGITAL PRINTING SERVICES, LDA
Janeiro, 2019

DEPÓSITO LEGAL
450479/18

ACTUAL | GRUPOALMEDINA Coimbra · Lisboa · São Paulo

BIBLIOTECA NACIONAL DE PORTUGAL – CATALOGAÇÃO NA PUBLICAÇÃO

ALMEIDA, Fernando Neves de

A arte de gerir pessoas: guia completo de técnicas
e competências essenciais. – (Gestão)
ISBN 978-989-694-377-6

CDU 005

A Arte de Gerir Pessoas

Fernando Neves de Almeida

2ª Edição

ACTUAL

AGRADECIMENTOS

Quero agradecer à Equipa da Neves de Almeida Consultores pela ajuda preciosa que me deu na elaboração do caso e sugestões, bem como, e em especial, à minha mulher Ana Sofia Neves de Almeida pela fundamental revisão e sugestões cruciais bem como ao constante incentivo para tornar este livro uma realidade.

INTRODUÇÃO À SEGUNDA EDIÇÃO

Gerir é difícil. Aliás, a vida é difícil.

Isto é a opinião de muitas pessoas para quem as coisas não correm como elas gostavam; para quem considera que a sorte bafejou mais outros que a eles próprios; para quem, enfim, é menos feliz do que gostaria.

De facto, a vida coloca-nos obstáculos, dificuldades e desafios que tem de ser ultrapassados. E é, também, um facto, que alguns de nós lidam melhor com as situações do que outros. Pode ser por uma questão de atitude, inteligência, capacidade, sabedoria, intuição, ou tudo isto, mas na realidade alguns de nós são mais bem adaptados do que outros, mais bem sucedidos do que outros, mais felizes do que outros.

Tendo em consideração que o mundo, como o conhecemos, é um mundo social, alguns dos desafios, dificuldades e obstáculos envolvem pessoas. Então, se estivermos a falar de uma função de chefia, o grande desafio é, seguramente, a gestão das pessoas.

Ao longo da minha carreira de consultor de recursos humanos e, especialmente, de recrutador de alta direção, cada vez estou mais seguro da importância das competências relacionais no sucesso das carreiras executivas. Motivar, gerir conflitos, liderar, avaliar, treinar, mudar, são situações diárias na vida dos gestores de pessoas que, como em quase tudo na vida, se for feito com base em conhecimento será mais bem feito do que unicamente confiando no senso comum.

Gerir pessoas implica escolher comportamentos adequados. E, para isso, há que perceber, o melhor possível, o que determina o comportamento dos outros, entender as suas motivações, o que os frusta, o que lhes dá alegria e o que os faz, quando necessário, fazer aquele esforço adicional que faz com que pessoas normais produzam resultados extraordinários.

Quando escrevi este livro foi com a intenção de dar a conhecer alguns princípios básicos sobre a natureza humana que podem ser úteis numa situação de gestão de pessoas, a pessoas cuja formação de base não tenha passado pela psicologia e que se vejam confrontadas com a maravilhosa situação que é gerir pessoas.

Por isso, é com particular alegria que escrevo esta introdução à segunda edição, dado isso significar que já inúmeros leitores, eventualmente, beneficiaram deste conhecimento, ao esgotarem a primeira edição. Um bem haja para esses e tal como para si que está a ler estas linhas, espero que tenham dado como bem aproveitado o tempo que investiram a ler "a arte de gerir pessoas".

PREFÁCIO

Quando conheci o Fernando, percebi imediatamente que partilhávamos a mesma paixão: o tema da liderança e da gestão das pessoas. Foi uma conversa longa, daquelas onde não nos apercebemos que o tempo passou. Uma das frases ouvidas nessa conversa foi "a sorte dá muito trabalho", a qual veio dar origem a um livro da sua coautoria com esse título e que descreve o percurso profissional de 23 líderes e gestores Portugueses. Esta frase caracteriza bem o Fernando. Alguém que também soube criar a sua sorte, ao dedicar-se a uma profissão que exerce com enorme prazer e motivação.

Também a mim me fascina a área das Pessoas e da gestão de Pessoas. Cedo ganhei consciência que é uma área de descoberta permanente, onde quanto mais conhecemos, mais curiosos e insaciados ficamos. Tenho a forte convicção de que é possível transformarmos qualquer organização, levando-a a concretizar os objectivos mais ambiciosos. Para o fazermos temos "apenas" que saber aproveitar o imenso potencial que está fechado, escondido nas Pessoas e, sobretudo, nas Equipas.

É esse o principal papel dos líderes e é isto que o autor pretende desmistificar com "a arte de gerir pessoas", ou melhor dizendo, "como ser um melhor líder". Repare que eu não disse "como ser um líder" mas "melhor líder". Porque a liderança está em todos nós, em cada pessoa existe um líder em potência. Todos temos um papel de liderança em alguma coisa, com mais ou menos visibilidade. Pode ser a liderança de um país ou de uma grande corporação, pode ser de uma pequena equipa de trabalho ou mesmo da irmã mais nova lá em casa! Está ao nosso alcance conseguirmos melhorar esse nosso papel. Não é só importante para o nosso sucesso profissional e pessoal, mas torna-nos também pessoas mais completas e humanas.

Se tem a seu cargo a gestão de um grupo de pessoas, de uma equipa, então a sua responsabilidade em melhorar é ainda maior. E não se deixe enganar pelo mito que diz que as características dos líderes são natas. Os melhores líderes que conheço trabalharam "no duro" para as desenvolver, porque estas não lhes foram presenteadas pela sua herança genética. Como diversos estudos hoje demonstram, os ingredientes mais importantes para as lideranças de sucesso situam-se ao nível das competências emocionais e das atitudes, mais do que das capacidades cognitivas ou de personalidade. Estudos que também revelam que estas mesmas competências emocionais podem ser bastante desenvolvidas pelo treino e pela experiência.

É essa a principal mensagem deste livro, fazendo-nos uma visita guiada aos vários "ingredientes e condimentos" necessários a uma liderança eficaz. Fala-nos também da importância de termos consciência das nossas crenças pois são elas que, muitas vezes, nos impedem de comunicarmos bem com os outros, condição necessária para relações de trabalho sadias. Ou para o papel crítico que os nossos comportamentos – e por vezes também as nossas emoções – têm na forma como trabalhamos com os outros. Diversos estudos mostram que estes fatores têm um impacto muito superior a outros – como a inteligência cognitiva ou mesmo a competência técnica – no desempenho dos gestores.

Gerir é "fazer fazer". Isto significa que a mais importante responsabilidade de um gestor é conseguir que os outros façam, produzam, dêem o melhor de si para atingir os objetivos definidos. Por isso o autor dá tanto destaque à motivação, verdadeira força motriz da humanidade. Gerir pessoas é, se quisermos simplificar, gerir a sua motivação. E o mesmo se aplica a si, caro leitor. Da sua motivação em aprender mais sobre este tema, dependerá a leitura deste livro.

Boas leituras!

Maio 2012

LUIS PAULO SALVADO

INTRODUÇÃO

O livro fascinava-o, ou mais exatamente, dava-lhe nova tranquilidade. De certo modo, nada lhe dizia de novo, mas isso fazia parte do seu atrativo. Dizia o que ele diria se lhe fosse possível pôr em ordem os seus pensamentos.

GEORGE ORWEL, Edições Antígona, Lisboa, 1984.

Se existe algo que é comum à atividade de qualquer gestor, seja qual for o seu ramo de atividade ou o seu nível na organização, é lidar com pessoas.

Gerir é coordenar recursos, dos quais os humanos são, talvez, os mais complexos de controlar. Como iremos ver ao longo do livro, existem inúmeros fatores que condicionam o comportamento humano. Desde logo, a componente genética é importante; mas, para além dessa componente, a nossa educação, formação, observação dos outros e processos mentais, são variáveis importantíssimas para a formação da personalidade.

Para se alcançar sucesso como quadro de organização ou empresário é necessário algo mais do que visão estratégica... É preciso saber tirar proveito dos recursos humanos, o que implica dominar o maior número possível dos fatores condicionantes do desempenho.

Quem produz excelência são as pessoas. Quer queiramos quer não, todas as grandes (e pequenas) obras, ideias, produtos, nascem de pessoas que, no seu ato de criar, tornam possível a constante transformação do mundo. Aproveitar o potencial humano da equipa ou conjunto de equipas que você dirige está muito dependente da compreensão dos fatores abordados ao longo das próximas páginas.

Imagine a empresa (ou a sua seção ou direção) como um sistema que é influenciado por dois tipos de variáveis: as variáveis controláveis (*vc*) e as variáveis não controláveis (*vnc*). Assim sendo, uma das formas de definir o comportamento desse sistema é fazê-lo em função desses dois grupos de variáveis, ou seja:

Comportamento = $f\,(vnc, vc)$

Conseguir diminuir o peso das variáveis não controláveis deve ser uma das preocupações dos gestores.

Como conseguir isso?

São inúmeros os cursos de gestão (especializados ou gerais) que ensinam técnicas e métodos para prever, antecipar, analisar e controlar os acontecimentos. Existem, mesmo, empresas que têm montados sistemas de informação que fariam inveja a muitos países. Tudo isto no sentido de poder proporcionar a quem decide, a informação necessária para reduzir o peso das variáveis não controláveis na função comportamento do sistema.

Mas, por vezes, nessas variáveis não controláveis estão incluídos comportamentos de pessoas que fazem com que o que poderia ser uma boa decisão se transforme num fiasco, por motivos meramente de motivação para implementação das decisões por essas mesmas pessoas. E isso acontece porque em alguns casos se menospreza o fator de aceitação das decisões, não tendo grandes preocupações com a gestão da mudança.

Quando a indústria automóvel se começou a interessar pela automação dos processos, quem diria que o fato de pôr pessoas a trabalhar lado a lado com *robots*, sem algumas precauções, poderia produzir maus resultados?

A gestão do comportamento humano continua a ser, para muitos gestores, algo do domínio do óbvio sem grandes preocupações em conhecer a sua fundamentação científica. Mas, curiosamente, em muitos dos casos, essa «ignorância» ou desinteresse está camuflada sob a certeza de que basta ser pessoa para se saber lidar com os outros. É o psicólogo do "senso comum".

Ao contrário destes «especialistas» do comportamento humano, os verdadeiros especialistas são aqueles que quanto mais vão conhecendo o comportamento das pessoas e das organizações, mais sentem que há ainda um manancial de conhecimentos a adquirir.

Com este livro não pretendo introduzir nada de novo em termos de conhecimento científico do domínio da psicologia aplicada à gestão. Antes sim, é meu objetivo, de uma forma que espero clara e acessível a todos, que não sejam especialistas nas ciências do comportamento, levantar um pouco o véu sobre alguns dos determinantes dos comportamentos das pessoas, de forma a permitir que grande parte do que até aqui tem sido considerado como variável não controlável associada ao desempenho das pessoas nas organizações (ou «hipoteticamente» controlável pelos tais «especialistas» que atrás referi), passe a fazer parte da sua experiência. Ao conhecer melhor os fatores que determinam o comportamento humano nas organizações, de uma forma mais fácil conseguirá influenciar as pessoas a fazerem aquilo que você quer, preferencialmente, com boa vontade.

Experiência não é mais do que conhecer bem a função comportamental, atrás referida, associada ao cargo que desempenha. Será que conhece tão bem como julga todos aqueles que trabalham consigo?

Gostava que respondesse a esta questão por duas vezes; agora e depois de ler o livro. Fico feliz se conseguir que a resposta final seja diferente da inicial, nem que essa diferença diga unicamente respeito a qualquer pequeno pormenor. Quem sabe se não é esse pequeno pormenor que o vai ajudar a ter mais sucesso?

Para além de acreditar que quanto melhor gerir pessoas mais sucesso você terá, existe aqui uma outra responsabilidade, social, se quiser, de quem gere pessoas: contribuir para a felicidade das mesmas. Todas as pessoas têm o direito de aspirar a ser felizes no trabalho, já para não falar na vida. Direi mesmo mais: têm a obrigação de tentar ser enormemente felizes. E quem gere pessoas deve conseguir ser um catalisador dessa felicidade. Um bom gestor de pessoas, consegue aliar o atingimento dos objectivos que lhe são pedidos com a satisfação pessoal de todos e cada um dos elementos da equipa e de si próprio. É preciso não esquecer que, como mais à frente voltarei a referir, ninguém atinge resultados de excelência a não ser que se esforce muito; que ninguém se esforça muito se não tiver motivação para isso; e que é melhor que essa motivação seja positiva (para produzir realização pessoal e felicidade) do que negativa (evitar ser despedido, por exemplo).

Este livro é destinado a ser uma ferramenta de trabalho e de mudança. Por isso, não hesite em sublinhá-lo sempre que se lhe depare alguma ideia ou pensamento que lhe pareça particularmente relevante.

Não tente lê-lo de seguida! Não só não produziria, por certo, os resultados que pretendo (dar-lhe inspiração, vontade e informação para mudar, para se tornar um CAMPEÃO do relacionamento interpessoal) como iria provocar-lhe um compreensível «enfado». O livro foi estruturado para que você leia um capítulo de cada vez e, preferencialmente, que o releia antes de passar para o seguinte. Também existem questionários que convém ir preenchendo à medida que se deparar com eles.

Para poder visualizar melhor a matéria apresentada, desenvolvi um estudo de caso, cujo enquadramento geral lhe é dado já de seguida, e que vai sendo desenvolvido no final de alguns capítulos do livro, começando no terceiro. Espero que ao pô-lo (a) a pensar no problema e na solução contribua para uma melhor apreensão dos temas apresentados.

Não aplique nenhuma das sugestões indicadas no fim de cada capítulo antes de ter lido o livro todo.

Também não as encare como «panaceias» para todos os males. Não são! Escolha aquelas que melhor se adeqúem à sua situação de trabalho.

Para terminar, quero deixar aqui um comentário de Jack Zenger, presidente da Zenger Miller & Associates, Inc., citado no livro *Ser Líder Empresarial* de Art McNeil*:

> «As pessoas são admitidas nas organizações pela sua competência técnica, despedidas pela incompetência interpessoal e promovidas pela sua capacidade de liderança.»

Estou certo de que este livro o vai ajudar a ser promovido ou a ser um mais bem-sucedido empresário e/ou líder!...

Lisboa, 28 de Fevereiro de 2012.
FERNANDO NEVES DE ALMEIDA

* *Ser Líder Empresarial*, Art McNeil, Edições CETOP – Centro de Ensino Técnico e Profissional à Distância, Lda., 1990, p. 15.

ENQUADRAMENTO GERAL DO ESTUDO DE CASO

A S & S Supermercados, empresa fundada em 1979 pela família Sousa, desde sempre associada ao comércio em Amoreira, nasceu do empreendedorismo do Sr. Benvindo Sousa e da sua visão e capacidade comercial.

De dois pequenos supermercados no centro de Amoreira, em 1986, a empresa aumenta a sua capacidade comercial para 6 supermercados, expandindo para o mercado de Fronteira, anteriormente monopólio da Baratucho, com três lojas de *hard discount*.

Inovadora, a S & S foi a primeira a implementar o conceito de *cash & carry* para profissionais (criando uma linha de crédito especial para o canal HORECA – Hotelaria, Restauração e Cafés) e cliente particular/doméstico, num espaço único de compra. Os primeiros anos deste conceito misto são de experimentação mas rapidamente a resposta dos clientes prova o sucesso da empresa (com uma taxa de penetração de 40% acima do estimado no 1º ano).

Com uma política clara de satisfação do cliente, o lema da S & S é *«Nós temos!»*, numa clara promessa de qualidade e oferta global, na área alimentar, com autocontrolo de qualidade, com plataformas de frutas e verduras, pescado, fresco e carne fresca e congelada, e uma área não-alimentar variada (electrodomésticos, papelaria e material de escritório, ménage).

Em 2003, a S & S recebe a Medalha de Honra da AEDEA (Associação de Empresários para o Desenvolvimento de Amoreira) *«por ter sabido, ao longo de vários anos, estar atenta às necessidades do mercado, pelo projeto inovador e... por ter colocado Amoreira no mapa de Portugal!»* (palavras do Presidente da Associação, o Sr. A. Pinto, Presidente da Câmara de Amoreira).

Uma empresa que vive ainda do carisma do Sr. Sousa criou os alicerces para uma política de recursos humanos como valor fundamental da organização, sob o lema *«Pessoas com(a) S & S»*.

Hoje, a S & S é líder no mercado local, com cerca de 600 postos de trabalho, 30.000 referências, 15 lojas e uma área de vendas que ultrapassa os 15 000 m2.

Numa entrevista à revista Amoreira Negócios, o Diretor de Recursos Humanos apresentou a S & S como «uma das organizações em que dá gosto trabalhar» bem como alguns dos colaboradores. São alguns excertos dessa reportagem «Por dentro do(a) S & S» que reproduzimos de seguida.

Francisco Sales, Diretor Comercial

Licenciado em Gestão de Empresas, com uma pós-graduação em Logística e Grande Distribuição. O seu currículo contempla alguns cargos desenvolvidos neste sector, até 2000, ano em que ingressou na S & S, como Diretor Comercial da Zona 1.

«Desde o início, percebi que estava numa organização diferente, em que os números são tudo mas as pessoas contam muito. Por isso, fazemos reuniões participadas, as pessoas são envolvidas e procuramos que as novas filosofias de gestão cheguem a todos, desde os gerentes de loja aos operadores de reposição. Responsabilizamos, premiamos e reconhecemos as pessoas. Só assim o nosso cliente se sente plenamente satisfeito.»

Francisco Peres, Gerente de Loja

Gerente da Loja de Amoreira desde 1996. Refere que a sua vida sempre foi na área da distribuição. Começou como operador de reposição, passando depois a Chefe de Seção.

Quando entrou na S & S sentiu uma grande diferença, dado que não estava habituado a *«tantas regras... folhas de autocontrolo, procedimentos de reposição, layout para campanhas,* merchandising...» Mas afirma que *«estar na loja»* é o que ainda o apaixona.

Afirma que a equipa da loja precisa de sentir que ele, embora com outras responsabilidades, ainda sabe o que é repor... E quem o conhece sabe que este gosta de rever os topos, de preparar as feiras. *«Afinal, de que serve um chefe que tem medo de sujar as mãos?!»* é a afirmação mais frequente do Sr. Francisco.

No final da entrevista, arranca para o armazém manobrando o empilhador com destreza, para mais um descarregamento.

João Stock, Gerente de Loja

Gerente de loja de Fronteira desde 1999. Teve anteriormente uma experiência na área de contabilidade (de 1997 a 1999) mas acabou por mudar para a área comercial, porque *«tinha mais oportunidades de ser reconhecido e crescer»*, o que a empresa de onde vem não lhe possibilitaria.

Rapidamente se adaptou à realidade da distribuição e, fruto da sua apetência pelos números, viu com bons olhos o rigor e profissionalismo com que as coisas eram feitas na S & S. Vender sim, mas vender bem, isso é o mais importante. Os seus mapas de organização da reposição, a listagem de vendas diária, os relatórios de quebra e a análise detalhada permitem-lhe *«saber onde atuar e corrigir erros»*, o que lhe tem merecido elogios da Direção, já que é a loja que apresenta o melhor rácio de reposição/venda/quebra da S & S.

No final da entrevista, despede-se, justificando a pressa com uma reunião de controlo que já tinha agendado com o Aprovisionamento da S & S, à qual não quer chegar atrasado.

José Lisa, Operador de reposição

Operador de reposição desde 1997. Tem à sua responsabilidade o controlo de validade, a limpeza e a reposição de produtos. Procura aconselhar os clientes e aprecia sobretudo o trabalho na seção de vinhos. É conhecedor dos produtos da S & S e é com prazer que participa na criação das feiras de vinhos. Defende mesmo que, se lhe fosse dada a oportunidade, ficava afecto a esta seção de forma permanente. Fala com à vontade de castas, reservas, anos de colheita, revelando-se muito conhecedor.

O inventário é uma tarefa que considera menos interessante e *«há sempre aqueles que tentam fazer o menos possível»*, refere Josefino, de forma crítica. *«Nem todos gostam do que fazem mas isso não é razão para fazermos um mau trabalho.»*

Belarmina Vaz, Operadora de caixa

A colaboradora mais recente da loja de Amoreira começou na caixa há cerca de 3 meses. *«Já era o que fazia, mas numa pequena loja de roupa»* refere Belarmina, com um sorriso. Foi eleita logo no primeiro mês a «funcionária sorriso», um prémio concedido pela S & S, por nomeação dos colegas como o funcionário mais atencioso no atendimento aos clientes. Belarmina revela que o que mais a anima na sua função é a relação com as pessoas: *«Tratam-me pelo nome, perguntam por mim na minha folga... enfim, eu faço o que me compete mas esforço-me por dar atenção às pessoas e elas reconhecem quem se importa em fazer um bom trabalho... Afinal, sou a última pessoa da S & S que o cliente vê, não é?»* «*Um dia, um cliente até tentou deixar-me uma nota, debaixo da caixa registadora... para um cafezinho...*» conta Belarmina.

No final da entrevista, ficámos a observar a forma como Belarmina tornava o momento de registo e pagamento um momento de serviço. Belarmina olha para o próximo cliente, sorri, cumprimenta e enquanto se ouve o *pip* electrónico dos produtos que rapidamente vai registando, vai referindo ao cliente que a S & S colocou em promoção o artigo que leva e pergunta como estava a alcatra que o cliente levou a semana passada...

Diamantino Pires, Vendedor

Vendedor na loja de Amoreira desde 1998, fomos conhecer Diamantino na loja de Fronteira, onde está «emprestado» há 3 meses, ocupando-se das vendas e do treino de uma nova colega, a Carolina Caloira, que está ainda a aprender os procedimentos da loja. Diamantino apresenta dos melhores resultados em termos comerciais. A forma como aborda os clientes, que observámos antes da entrevista, revela o porquê: Diamantino dirige-se a dois clientes que parecem indecisos entre dois serviços de café e, depois de fazer algumas perguntas, encaminha os clientes para os serviços de jantar completos, salientando aos clientes que, já que recebem amigos tantas vezes, a diferença de preço justifica que invistam e impressionem os convidados. Acaba por ajudar os clientes a empilhar as caixas e acompanha-os à fila de pagamento regressando para falar connosco.

«*Gosto de lidar com pessoas. E o que elas esperam de nós é que saibamos ouvir e compreender o que precisam. Propor algo que o cliente não precisa ou não reconheça valor é fazer com que ele se sinta mal servido. E eu vendo uma vez e depois... o cliente não volta! Ná, isso não é vender!*»

Comercial nato, Diamantino abandona a nossa conversa para se dirigir a um cliente que revira um *passevite* eléctrico, com um ar confuso, ao lado da Carolina Martins, já muito corada e ouvimos Diamantino saudar: «*Bom dia, se necessitar de alguma informação, eu e a minha colega Carolina poderemos...*»

Antes de começar a ler o livro, preencha, por favor, o questionário que se segue.

PRIMEIRO QUESTIONÁRIO (1.ª PARTE)

Na sequência de cada afirmação, segue-se uma escala com seis possibilidades de resposta, onde a escolha do valor 1 representa concordância total com a afirmação e o valor 6 discordância total. Como consequência do que foi dito, quanto mais próxima do 1 estiver a resposta, maior a sua concordância com a frase apresentada; quanto mais próxima do 6, maior a sua discordância.

1. O ser humano tem uma tendência natural para evitar o trabalho.

1 2 3 4 5 6

2. «Patrão fora, dia santo na loja.»

1 2 3 4 5 6

3. As pessoas são essencialmente motivadas por incentivos económicos e fazem qualquer coisa que, garantidamente, lhes aumente os proventos.

1 2 3 4 5 6

4. O fato de os sentimentos das pessoas intervirem, muitas vezes, no desempenho de uma função faz que a qualidade do seu trabalho diminua. Isto porque sentimentos são, essencialmente, irracionais, o que contraria o

princípio da racionalidade que deve nortear o comportamento das pessoas nas empresas.

1 2 3 4 5 6

5. As regras e os procedimentos das organizações devem, na medida do possível, controlar os efeitos dos sentimentos devido aos seus resultados imprevisíveis.

1 2 3 4 5 6

6. Se as pessoas sentem que o controlo abranda tendem a desleixar a execução das suas tarefas.

1 2 3 4 5 6

7. As pessoas só gostam de ouvir opiniões quando são concordantes com as suas.

1 2 3 4 5 6

8. Devido à característica da irracionalidade dos sentimentos das pessoas e ao baixo grau da sua maturidade, existe uma séria dificuldade na prática da autodisciplina e do autocontrolo por parte da generalidade das pessoas.

1 2 3 4 5 6

9. A generalidade das pessoas evita assumir novas responsabilidades devido à carga adicional de trabalho que isso lhes possa trazer, a não ser que isso seja acompanhado de um aumento salarial.

1 2 3 4 5 6

10. Uma chefia é normalmente malvista pela generalidade das pessoas, quando, após ter defendido determinado ponto de vista com vigor, muda de ideias devido à persistência de algum colaborador que acaba por lhe apontar os erros da sua posição.

1 2 3 4 5 6

11. Dar demasiada confiança aos subordinados dá, normalmente, mau resultado, pois as pessoas tendem a abusar.

1 2 3 4 5 6

12. A generalidade das pessoas nas empresas não tem capacidade para conseguir definir os seus próprios objetivos e escolher as formas de os atingir.

1 2 3 4 5 6

13. Quando um colaborador é desinteressado e desleixado, isso deve-se, quase sempre, às suas características de personalidade.

1 2 3 4 5 6

14. Se houvesse um aumento significativo dos salários na minha seção/serviço/empresa, a produtividade aumentaria em conformidade.

1 2 3 4 5 6

15. A generalidade das pessoas precisa de ser controlada de perto para a qualidade do seu trabalho não diminuir.

1 2 3 4 5 6

16. Os sistemas de sugestões nas empresas normalmente falham porque as pessoas não ganham financeiramente nada com o fato de darem sugestões.

1 2 3 4 5 6

17. Devemos ter o cuidado de ocultar informações desagradáveis às pessoas para que o seu desempenho não seja afectado negativamente.

1 2 3 4 5 6

18. Se pedirmos às pessoas para definirem os seus objetivos, elas tenderão a escolher os menos ambiciosos possíveis, para, com isso, evitarem uma carga adicional de trabalho.

1 2 3 4 5 6

19. A maioria das pessoas não é responsável.

1 2 3 4 5 6

20. O ser humano médio preocupa-se pouco com o bem-estar dos seus semelhantes.

1 2 3 4 5 6

Capítulo 1

Determinantes do Comportamento

Valores · Crenças · Atitudes · Como resistimos a alterar as nossas crenças · As suas crenças em relação ao ser humano médio · O efeito Pigmalião · Emoções · Competências · Resumo · Sugestões

Lidar bem com os outros não é algo com que se nasça, querendo isto dizer que não se trata de um fatalismo; é antes uma escolha que fazemos de cada vez que nos relacionamos com alguém. As suas escolhas são influenciadas por inúmeros fatores. A primeira grande influência, nessas escolhas como já referi na introdução, vem da genética. A segunda grande influência advém das chamadas influências sociais. Como sabe, são aspetos como a cultura, a classe social a que se pertence, a família, os amigos, as instituições, as experiências pessoais e os conhecimentos adquiridos. Do contato com todos eles, aprendemos como se deve agir em determinada circunstância tendo em consideração o fim desejado. A influência de todos estes fatores é normalmente designada por socialização, e não é mais do que a aprendizagem das regras e princípios da vida em sociedade.

As influências que acabei de referir, são as que mais diretamente influenciam o comportamento, ou seja, os valores, as atitudes, os gostos, as preferências, as emoções e as competências. Falar-lhe-ei destes fatores um pouco mais à frente.

Para «arrumar» ideias, suponha que existem dois tipos de fatores: os primeiros macro (genética, cultura, classe social, família, amigos, instituições, experiências e leituras) e os segundos, influenciados pelos primeiros, micro (valores, crenças, atitudes, emoções, competências e motivação). A nossa preocupação, aqui, é analisar estes últimos, estando a cargo da biologia, sociologia, antropologia e outras ciências sociais a análise mais detalhada dos primeiros.

Antes de passar a explicar cada um dos fatores micro, gostava de lhe referir que a competência no relacionamento não deve ser encarada com fatalismo, como comecei por referir: ou se é ou nunca se será. Pelo contrário, é uma escolha que cada um faz, tornar-se mais ou menos competente neste domínio. No entanto, para se mudar algo, tem de se estar consciente dos efeitos negativos ou menos positivos de como se é agora, aprender as competências sociais necessárias, operar melhorias e treiná-las. Treiná-las muito e cuidadosamente.

VALORES

Valores são princípios relativamente a coisas materiais ou espirituais que são significativas para nós. Por exemplo, o altruísmo (ajudar os outros desinteressadamente), o materialismo, a honestidade, a lealdade, a confiabilidade, a fidelidade, são exemplos de valores.

Estes princípios, muitas vezes levam-nos a prescindir do bem-estar imediato para garantir coerência com eles no médio/longo prazo.

Por certo, lembra-se de sacrifícios que fez. Pense no último exame que teve no liceu ou na faculdade. Ainda se consegue lembrar? Então e aquelas horas que perdeu a estudar em vez de ir passear com os amigos e divertir-se. Também se lembra? Pois bem, aí está um caso em que fez um sacrifício a pensar num bem-estar futuro ou em ser coerente com os seus princípios ou valores.

Essa coerência (ou perspectiva de prazer de conformidade com princípios) pode ser diferente de pessoa para pessoa.

Por exemplo, tenho a certeza que no seu caso o que o motivou a ficar a estudar foi acreditar que as boas notas e o saber mais, era importante para o seu sucesso futuro e que a procura do conhecimento era um valor importante. Mas, se calhar o seu colega de carteira, o que queria era evitar uma reprimenda dos pais, ou conseguir uma boa nota para finalmente lhe darem o carro que há tanto tempo desejava.

Em todas as situações, o prazer que pensávamos poder extrair da situação, que podemos designar por felicidade moral, era superior ao sacrifício que fazíamos a estudar. Se assim não fosse, acontecia como aqueles a que chamávamos «calões». Ou seja, «tudo pela diversão nada pelo estudo». Os valores, têm como mecanismo de controlo, aquilo que se designa por consciência. Escolher condutas que não nos permitam ser coerentes com eles leva-nos a ficar com o que se designa por problemas de consciência ou infelicidade moral.

Imagino que ao longo da sua vida já tenha sido confrontado com situações onde teve de fazer escolhas difíceis entre aquilo que para si é correto (o que é coerente com os seus valores), e aquilo que lhe poderia trazer vantagens pessoais e/ou o prazer dos sentidos. Quanto mais fáceis tiverem sido as escolhas nessas situações, mais fortes (ou fracos) serão os seus princípios. Mas, como em quase tudo na vida, a maioria de nós estará na média da escala no que respeita ao rigor dos princípios (que eu designaria como um certo relativismo moral), o que torna a consciência um mecanismo pouco fiável para um controlo do desempenho humano nas organizações.

Como exemplo, posso perguntar-lhe o que pensa de uma pessoa que leva para casa uma caneta do escritório? Ou do seu colaborador que aceita uma prenda «simpática» de um fornecedor? Ou ainda, da chefia que, por simpatia pessoal, avalia melhor um colaborador que não merece e pior um que merece? Estes comportamentos todos representam um desvio a valores mais ou menos, universalmente aceites. No entanto, a tolerância ao desvio não é igual para todos nós.

Mas uma questão que pode ter é se não se podem utilizar os valores e a consciência a eles associada como ferramentas para alterar e controlar comportamentos? A resposta é sim... pode. Muitos de nós não temos, em determinadas circunstâncias (por motivos vários que não importa agora referir), consciência causal, isto é, consciência das implicações que determinados comportamentos têm para outros ou para nós próprios. Por exemplo, e para ser óbvio, poderá haver fumadores que ainda não acreditam que o fumar pode mesmo matar. Uma forma de alterar essa Perceção é mostrar várias provas de que isso é um fato, pelos menos em muitos casos. Claro está que, o fumador pode sempre argumentar que isso só acontece aos outros e citar o exemplo do seu avô que morreu aos 90 anos de uma queda e a fumar...

Um outro exemplo que lhe posso dar é o de uma chefia que acredita que a justiça é um bem extremo e que não «liga» nenhuma ao processo de avaliação que tem de fazer dos colaboradores porque o considera uma maçada. Talvez se ele tiver acesso a um estudo de clima organizacional em que os resultados da sua direção revelem que os colaboradores se consideram injustamente avaliados, mude as suas práticas para ser coerente com os seus princípios e valores.

Faça uma experiência. Quando tiver algum colaborador que se mostre desinteressado pelo trabalho, procure saber o que é importante para ele, as coisas que ele valoriza, mostre-lhe, também, o impacto que o seu bom (ou mau) trabalho tem nos outros ou na organização. Se conseguir, encontre uma forma de lhe mostrar que ao trabalhar melhor conseguirá, de alguma forma, ser coerente com os seus princípios e valores melhorando simultaneamente o impacto no seu meio envolvente. É difícil, eu sei. No entanto, penso que vale a pena tentar!

Não se esqueça que uma das diferenças entre os que conseguem e os que não conseguem vitórias é que os primeiros, se desistem, levam muito mais tempo para o fazer do que os segundos.

CRENÇAS

Uma outra variável que influencia determinantemente o nosso comportamento são as crenças. As suas crenças são como que uns "óculos" para analisar as situações, sendo depois, em função dessa análise, que se escolhe o comportamento adequado.

Imagine que vai a uma entrevista para um emprego que é muito importante para si. O mais provável é que vista um fato que lhe dê a melhor apresentação possível (isto se acreditar que a pessoa que o entrevistará ficará bem impressionada com essa maneira de vestir) e imaginará, provavelmente, respostas possíveis para vários tipos de perguntas (isto de acordo com o que pensa que o entrevistador está à espera de ouvir, tendo em consideração o tipo de função a que se candidata). O seu comportamento está a ser determinado, entre outras coisas, pela crença que tem a respeito da situação, ou seja, da pessoa que o entrevista, do lugar a que se candidata, da imagem que faz da companhia a que se candidata, etc.

SITUAÇÃO → CRENÇA → COMPORTAMENTO

Outro exemplo: entrou para uma nova organização e, à medida que vai conhecendo melhor as pessoas e os «costumes», vai-se apercebendo que uma das variáveis que tem feito com que as pessoas tenham «subido» na empresa é a participação, ou seja, as pessoas que dão muitas sugestões e se mostram interessadas em mudanças são as mais reconhecidas pela empresa. Este fato (ou conjunto de fatos) faz-lhe acreditar (crença) que quanto maior for a sua participação mais hipótese tem de ser promovido. Se isso lhe interessa, creio que a sua participação aumentará.

SITUAÇÃO → CRENÇA → COMPORTAMENTO

Ainda outra situação: um amigo seu diz que lhe quer apresentar uma pessoa que já ouviu falar de si e do seu trabalho, que o acha uma pessoa de grande valor e que pensa que deve ser extremamente agradável falar consigo. A pessoa chega, o seu amigo apresenta-lha e ficam os dois a falar.

Imagine, agora, essa mesma conversa mas com a «pequena» diferença que o seu amigo lhe tinha previamente dito que essa pessoa já tinha ouvido falar de si, por quem nutria uma forte antipatia. Imaginava-o presunçoso, arrogante e sem valor profissional.

Penso que conseguirá imaginar a diferença desse encontro.

Já pensou que a outra pessoa poderia até nunca ter ouvido falar de si? Que era unicamente a ideia que julgava que ela fazia de si que era importante para o seu comportamento em relação a ela?

De que dependem, então, as crenças? Como poderá saber se estão ou não corretas?

É um pouco difícil responder a essa pergunta, em especial devido ao que se pode entender por correto. Mas, algumas considerações podem ser feitas:

As crenças dependem da informação disponível. Se a duas pessoas se mostrar diferentes aspectos (a uma só os positivos, a outra só os negativos) a respeito de determinado regime político, as suas crenças a respeito desse regime tenderão a ser diferentes (isto é usado alguma vezes na política para manipular a opinião pública).

De certo que já verificou ao ouvir os políticos que, quando eles falam sobre a situação do país, parecem estar a falar de países diferentes...

A crença depende, portanto, da informação disponível em relação a:

- um objeto;
- um acontecimento;
- uma pessoa (grupo);
- um assunto.

Essa informação é adquirida ao longo da nossa vida e limitada às situações a que, através de experiências ou vivências, tivemos acesso.

Se passarmos a maior parte da nossa vida num local onde a maioria das pessoas são «amigas do alheio», então é provável que, para nós, o conceito de cidadão médio seja alguém que entre outras qualidades e defeitos seja também «amigo do alheio».

Se, por outro lado, sempre estivemos alheios a essa realidade e as histórias de roubos que conhecemos forem muito poucas, então, para nós, o conceito de cidadão médio não incluirá essa característica (amigo do alheio) e a mesma será considerada como anormal.

A história do Sr. Oliveira

O Sr. Oliveira é o responsável por um restaurante de grande dimensão. É uma pessoa muito dedicada e preocupada com o sucesso do negócio que dirige.

Crença 1: O Sr. Oliveira acredita que a maior parte das pessoas só não rouba se não puder.

Comportamento 1: O Sr. Oliveira perde muito tempo na implementação de controlos tipo «sem aviso prévio», uma vez que está certo que os seus funcionários iriam tentar «desviar» coisas da empresa.

Crença 2: O Sr. Oliveira considera a generalidade das pessoas honestas, desde que tratadas com justiça.

Comportamento 2: O Sr. Oliveira dedica muito do seu tempo a idealizar práticas de gestão que favorecem a equidade.

Saber se as crenças estão ou não corretas pode ser, por vezes, difícil.

Em assuntos estudados e comprovados pelos vários ramos da ciência, é o método científico que nos garante a veracidade das nossas crenças. Noutros, como na religião, é a nossa fé que a garante.

No que respeita à natureza humana, pontos haverá cuja explicação está muito longe de ser encontrada e aceite pacificamente, embora em muitos outros, as ciências sociais já se tenham encarregado de nos dar respostas.

Qual será, então, a melhor «crença» a ter no que respeita às pessoas nas organizações?

Esta é uma pergunta de difícil resposta. As próprias ciências sociais estão muito longe da explicação total do comportamento das pessoas. Uma coisa, no entanto, posso garantir:

Quanto mais informação reunirmos à volta do elemento humano e menos «preconceitos» ou juízos rígidos fizermos, maior será o nosso discernimento e capacidade de adaptação às várias situações que se nos deparam.

E é exatamente isso que pretendo fazer ao longo deste livro, dar-lhe mais informação, para que a sua crença a respeito da natureza humana seja mais objetiva e menos «preconceituosa».

ATITUDES

As crenças estão relacionadas com um conceito a que chamamos ATITUDE. São, aliás, a sua primeira componente.

Chamaremos a esta componente, a componente COGNITIVA.

Uma outra componente da atitude é a AFETIVA.

Esta componente é a responsável pelo estado resultante da comparação das nossas crenças ou ideias com aquilo que achamos bem ou mal, justo ou injusto, que nos provoca prazer ou dor.

De uma forma geral há um princípio que remonta a Aristóteles e que hoje é aceite por um grande número de psicólogos – o HEDONISMO –, ou seja, a procura do bem-estar e do prazer (e a correspondente fuga à dor e ao mal-estar).

Valorizamos aquilo que por nós pode ser sentido como capaz de proporcionar prazer e evitamos tudo o que potencialmente nos proporcione dor. Mas atenção, não se deve ser simplista na análise deste princípio. O prazer não tem de ser físico nem, tão-pouco, imediato. Quando atrás falava da felicidade moral, esta representa o prazer de fazer o que se considera correto, independentemente de ser individualmente e objetivamente melhor ou pior.

Uma vez que associada a uma crença ou a uma ideia está uma componente afetiva, podemos dizer que a atitude é negativa quando as emoções que essa crença nos provoca são negativas, ou seja, o objecto da atitude provoca-nos mal-estar. É positiva quando, ao contrário, nos provoca sentimentos de concordância com os nossos valores.

Mas o que é, de fato, uma atitude?

Atitudes são disposições em relação a objetos, a pessoas, a acontecimentos, ou a atributos de qualquer um destes. «Eu gosto de laranjas» é uma atitude; «eu gosto de escrever» é outra; «festas de família são óptimas» é, ainda, outro exemplo. Mas, por exemplo, dizer que o João é bem-intencionado ou que a marca X é mais barata, pode não ser uma atitude, dependendo do que se entenda por ser bem-intencionado ou mais barato, ou seja, do alcance dos conceitos. Afirmações destas poderão ser simplesmente constatações de fatos numa situação concreta. Neste caso não são atitudes. Só serão atitudes se implicarem uma opinião constante sobre o João ou a marca X e não meramente pontual e como constatação de um fato.

A história do Sr. A

O Sr. A acredita que a generalidade dos trabalhadores são preguiçosos e só ficam contentes quando prejudicam os interesses dos patrões, uma vez que têm inveja deles.

Esta é a componente cognitiva da ATITUDE do Sr. A em relação aos trabalhadores.

A preguiça e a inveja são dois comportamentos que, de acordo com o Sr. A, contrariam em tudo os valores em que sempre foi educado e acreditou. Logo, provocam-lhe uma sensação de repulsa.

Esta é a componente afetiva da ATITUDE em relação aos trabalhadores.

Mas existe uma terceira componente da ATITUDE, que é a componente comportamental, ou seja, uma predisposição para a ação.

Se a atitude é positiva, a predisposição será para uma ação que gere aproximação, confiança, solidariedade, simpatia, ajuda em relação ao objecto da ATITUDE (pessoa, grupo, ideia, etc.). Se, pelo contrário, é negativa, a predisposição será para comportamentos de que resultem afastamento, desconfiança, ausência de solidariedade, antipatia em relação a esse mesmo objecto.

No caso do nosso Sr. A, como pode calcular, a ATITUDE era negativa, o que fazia que os seus contatos com os trabalhadores fossem marcados pela desconfiança, animosidade, autoritarismo, etc. O seu relacionamento com eles era péssimo até porque a antipatia era mútua. E é fácil compreender que assim fosse. E um fato comprovado que comportamento induz comportamento.

Para compreender em que medida isto é verdade imagine uma situação em que duas viaturas embateram. Se o primeiro condutor a sair do carro vier com modos agressivos, insultando o outro interveniente e culpando-o de uma forma exaltada, o mais certo é que o assunto não se resolva sem a presença da autoridade. Se, por outro lado, o primeiro condutor demonstrar um comportamento calmo, compreensivo e resolutivo, é mais provável que se chegue a um acordo e mais rapidamente.

Experimente dizer uma coisa amável a alguém e, como resposta, obterá, provavelmente, algo de tão ou mais agradável do que aquilo que disse. Já agora, não faça a experiência ao contrário... Não estrague o seu dia nem o dos outros.

Voltando ao Sr. A, é natural que os trabalhadores também desconfiassem e não gostassem dele. Provavelmente faziam todo o possível, até, por desobedecer às suas ordens, o que aumentava ainda mais a crença do Sr. A que eles eram preguiçosos e «malandros».

Quanto pior o Sr. A se dava com os trabalhadores mais certeza tinha das suas convicções.

Analisemos a atitude do Sr. A. O que pensa que está errado? É a parte da crença ou a parte do valor?

Penso que concordará comigo, que a componente afetiva está correta. Pelo menos de acordo com os valores aceites na nossa cultura, a preguiça e a inveja são vistos como «defeitos».

Então e a crença ou ideia que o Sr. A tem dos trabalhadores? Será que a componente cognitiva estará também correta?

O primeiro contato que o Sr. A teve com os trabalhadores em situação de trabalho foi quando assumiu o seu primeiro cargo de chefia ao sair da faculdade. Foi numa altura de grande conturbação política, numa época pós-revolucionária, em que o comportamento generalizado era de revolta e reivindicações. Foi um período difícil para a vida do Sr. A e, ainda para mais, tendo em consideração o seu comportamento politicamente moderado.

Assim, após alguns meses de trabalho ficou formada a sua ideia sobre os trabalhadores, bem como os seus sentimentos a esse respeito.

Desde então o desempenho dos grupos que ele chefiava era francamente baixo, quando comparado com os de alguns colegas seus.

Como pode calcular, o Sr. A tornou-se rapidamente numa pessoa angustiada, com pouca confiança em si próprio, tanto mais que muitos dos seus colegas eram promovidos e ele não o era.

Curiosamente, quanto mais preterido se sentia, mais certezas tinha acerca da natureza humana.

No último ano o Sr. A foi «indigitado» para participar em ações de formação tendentes ao desenvolvimento da capacidade de chefia.

Uma das questões abordadas era o estilo de chefia.

Advogava-se lá que estilos democráticos de chefia produziam, em geral, melhores resultados. O Sr. A concordou (até porque ficava mal dizer que não quando todos os seus colegas concordavam) e chegou mesmo a «comprometer-se» a tentar alterar o seu estilo de chefia. A vontade não era muita, mas como o monitor «até era uma pessoa acessível e entendedora do assunto» o Sr. A resolveu tentar.

Certo dia, reuniu a sua equipa de trabalho para deliberar sobre a introdução de um novo método de trabalho. A reunião durou cerca de uma hora, da qual quarenta minutos foram utilizados por ele a expor o assunto e vinte minutos ocupados com questões postas pelos colaboradores em relação ao método que ele acabara de propor. Sugestões não haviam nenhumas.

Mais uma vez a atitude do Sr. A saía reforçada. Os colaboradores querem é ter o mínimo possível de incómodos. Até na reunião que fez ninguém deu opiniões. «Isto é tudo gente que não interessa» foi até o comentário do Sr. A em conversa posterior com o monitor que tinha realizado as ações de formação a que tinha assistido. «O que o senhor apresentou nas sessões é válido mas é a um outro nível... É preciso as pessoas estarem interessadas em trabalhar e preocuparem-se com a empresa, o que infelizmente não acontece com os meus colaboradores.»

Em conversa posterior com alguns dos colaboradores do Sr. A, o monitor em questão tinha recolhido algumas afirmações curiosas:

- «O que ele quis foi que nós disséssemos que sim ao plano dele. Falou o tempo todo e no fim é que perguntou se alguém discordava».
- «Dar-lhe sugestões? Nós? O último que ousou contrariá-lo arranjou um problema que nem lhe conto».

- «Eu desconfiei. Ele nunca nos pergunta nada... para nos estar a perguntar é porque tem alguma na manga».
- «Da última vez que lhe dei uma sugestão adoptou-a como sendo dele. Os louros foram para ele e, como lhe chamei a atenção para o fato, quando ele me avaliou no final desse ano pôs que eu tinha um espírito conflituoso e, enquanto recomendou alguns colegas para receber um prémio, o que eu recebi foi uma grande desilusão».

Até aqui não houve nenhuma mudança na atitude do Sr. A. Apenas um reforço. A formação que supostamente seria para lhe provocar uma mudança de atitude não o conseguiu. Porquê?

Qualquer tentativa de mudança de atitudes encontrará resistência caso a mudança que se pretende operar contradiga, de alguma forma, o sistema mais amplo das nossas crenças.

Imagine o conjunto das nossas atitudes como um sistema aberto que tende para o equilíbrio. Se procura alterar alguma pequena componente desse sistema o mesmo ficará em desequilíbrio e, a não ser que provoque alguma outra alteração para lhe restituir um novo estado de equilíbrio, o mais certo é o sistema procurar voltar ao estado inicial.

Foi o que aconteceu ao Sr. A. Por um lado uma «atitude» democrática aplicada àquela população contrariava a sua crença base. Assim, deu menos trabalho invalidar a nova informação acerca dos benefícios desse tipo de chefia do que alterar as suas convicções profundas acerca da natureza humana.

Este caso faz-me recordar outro:

Um aluno meu, finalista da licenciatura em gestão, replicou-me, após uma explicação sobre um aspecto relacionado com liderança e comprovação factual correspondente, que eu tinha de ter paciência, que para ele concordar comigo eu tinha de lhe dar tempo, pois aquilo era contrário a todo o seu processo de pensamento em relação ao assunto. Assim, só depois de reequacionar tudo o que tinha sido implicado por esse novo (para ele) aspecto da questão é que ele eventualmente poderia concordar. E isto depois de constatar uma série de evidências.

Este caso é curioso, essencialmente por dois motivos:

- Primeiro, pela Perceçãodo aluno dos seus próprios processos mentais.
- Segundo, pelo fato de chamar, uma vez mais, a atenção para o aspecto de preconceito que as nossas crenças podem ter, o que nos impede, em parte, de pôr em causa certas «verdades» que de verdade só têm o fato de nós acreditarmos nelas.

COMO RESISTIMOS A ALTERARAS NOSSAS CRENÇAS

Mas, de que formas dispõe o Sr. A para afastar qualquer contradição que os novos fatos possam trazer em relação às suas convicções (que aliás são as mesmas que poderá usar para refutar os argumentos que eu lhe apresente para invalidar algumas das suas crenças sobre a natureza humana)?

1. Pôr em dúvida o fato ou a origem da mensagem

O Sr. A poderia alegar que isso da supervisão democrática dá resultado mas é nos livros. Que nunca tinha visto isso com os seus próprios olhos e, portanto, não acreditava nessas «balelas». E, com isto resolvia a sua contradição.

Ou então, o Sr. A poderia, simplesmente, alegar que o monitor não lhe inspirava confiança nenhuma; que o que ele sabia era dos livros e que estes não mereciam a sua confiança. Até porque, segundo o Sr. A, isto dos psicólogos é muito perigoso. Eles dão a volta aos assuntos e convencem-nos mesmo contra nossa vontade. Cá está outra forma de resolver a contradição.

2. Interpretar a informação de forma a reduzir a ameaça que ela representa

O Sr. A também pode aceitar isso da chefia democrática como dando bons resultados mas não se aplicando ao caso dele. Pode alegar que a natureza da tarefa não é adequada ou que os subordinados são todos uns «calões».

Assim, embora concorde com o conceito, encontrou uma justificação para não o aplicar.

Ou ainda, poderá aceitá-lo mas só como exceção. Dizer que acredita que poderá dar bons resultados mas em empresas muito excepcionais e só no estrangeiro. Novamente concordou com a ideia mas não se sente mal de não a aplicar.

Outra forma de reduzir a ameaça de outros fatos mesmo quando são evidentes, é atribuir-lhes um sentido que não contrarie as crenças já existentes.

Por exemplo, o Sr. A pode encarar todas as boas sugestões que os seus colaboradores lhe procurem dar como «graxa» para serem bem avaliados no final do ano e não como um interesse real deles pela melhoria do desempenho da organização. Poderá ainda encarar todas as perguntas que os seus colaboradores lhe façam em relação ao que ele sabe das políticas da empresa para «contar» tudo aos sindicatos e reivindicar melhores ordenados e condições de trabalho, ao invés de reconhecer neles um genuíno interesse pela organização. Isto porque esse interesse contraria as suas crenças acerca deles (trabalhadores).

O Sr. A aceitou que os trabalhadores gostam de participar, mas encontrou logo uma justificação com implicações negativas.

«Sim», diria «porque dali não pode sair nada de bom... Galinha gorda por pouco dinheiro?...»

3. Procurar ver só o que está de acordo com as crenças atuais

Quando se perguntou ao Sr. A exemplos que demonstrassem criatividade e engenho por parte dos seus colaboradores, ele teve dificuldade em se lembrar de algum. Curiosamente, exemplos de preguiça, desinteresse, e mesmo sabotagem não lhe faltavam.

É natural. Isto porque seria complicado para o Sr. A se aceitasse muitas provas de fatos que contrariassem as suas crenças. Fazia-o sentir-se mal consigo próprio. Daí que, até inconscientemente, ignorava a informação que não lhe interessava.

Posto isto, penso que concordará que a crença do Sr. A a respeito dos operários está a ser um grande problema para ele.

AS SUAS CRENÇAS EM RELAÇÃO AO SER HUMANO MÉDIO

O questionário que preencheu no início do livro não é mais do que a sistematização das suas crenças no que diz respeito ao ser humano médio. Ou seja, a ideia que faz dos outros está retratada nas suas respostas.

Essa sua crença foi-se formando com o decorrer dos anos, pelo contato que tem tido com as pessoas. NÃO É UMA VERDADE ABSOLUTA. É a maneira como vê as pessoas, não forçosamente a maneira como as pessoas são.

É curioso notar que pessoas que trabalham em empresas onde se praticam estilos de gestão mais participativos, onde se confia mais nas pessoas e nas suas potencialidades, tendem a possuir crenças mais «optimistas» sobre o ser humano médio. Mais, estudos efectuados nos Estados Unidos provam que chefes com crenças mais optimistas sobre a natureza humana (Teoria Y de Mcgregor) tendem a obter melhores resultados dos seus colaboradores.

A questão que levanto é, porquê isso?

Será que as nossas crenças são mais influenciadas pela qualidade das pessoas que connosco trabalham ou, por outro lado, são as nossas crenças que influenciam a qualidade do seu comportamento?

Por outras palavras, será que pensa que as pessoas são pouco responsáveis porque elas são MESMO, ou será que elas o são porque, por causa da sua crença, as faz serem assim?

O EFEITO PIGMALIÃO

Pigmalião era um jovem escultor que concebeu uma estátua que representava tudo o que ele considerava de belo numa mulher. Todas as linhas, curvas, sonhos, desejos, estavam projetados naquilo que passou a ser o objecto da sua paixão. Tanto viu isso na sua estátua, que, um dia, com a ajuda de Vénus viu o seu sonho tornado realidade. A estátua transformou-se em mulher, com todos os atributos com que Pigmalião tinha sonhado.

Esta pequena história da mitologia ilustra bem o que é conhecido como o FATOR DESENCADEADOR.

Este efeito, objecto de estudo por investigadores como Rosenthal (1966), Rosenthal e Donald B. Rubin (1978) e Albert S. King (1979), foi provado ser o responsável por muitos acontecimentos, cuja razão de ser não foi mais do que uma crença por parte dos sujeitos de que eles deviam acontecer.

Muitas das falências de bancos, por altura da grande depressão americana dos anos trinta, ficaram a dever-se ao poder do efeito Pigmalião. Um banco que de manhã estava a operar normalmente (embora com pouca liquidez, o que aliás era normal dadas as circunstâncias) de tarde, e por força de um rumor, poderia ser levado a fechar as suas portas. Esse rumor não era mais do que o banco estar em dificuldades, quase a falir, o que levava a que todos os depositantes corressem para levantar o seu dinheiro, criando assim, uma verdadeira situação crítica.

O que começa por ser um rumor acaba por se transformar numa realidade. Mas não é só nestas situações que este efeito se manifesta.

Considere este outro exemplo:

A uma professora foi dito que 20% dos seus alunos tinham um potencial superior. Não se identificaram os alunos, ficando por conta da professora descobrir quem eles eram.

Esses alunos tinham sido absolutamente escolhidos ao acaso, bem como outros que constituíam o grupo de controlo.

O que na realidade aconteceu é que 20% dos alunos revelaram-se autênticas surpresas. Porquê? Efeito Pigmalião.

A circunstância de a professora estar convencida da veracidade do que lhe tinham dito, levou-a a identificar uns quantos alunos como sendo os "alunos promessa". Após essa identificação, inconscientemente, começou a apoiá-los de forma diferente, a dar-lhes mais atenção, enfim, a acreditar mais nas potencialidades deles, o que tornava a sua relação mais motivadora e gratificante. O que é interessante é que eles corresponderam, embora inicialmente não diferissem dos outros.

Em suma, as expectativas que uma pessoa tem acerca de outra podem condicionar aquilo que a outra acaba por fazer.

Não se trata de «poder do pensamento positivo» nem de nenhuma força misteriosa. Simplesmente, as nossas expectativas refletem-se no nosso comportamento, na forma como nos relacionamos com os outros, na forma como os estimulamos. Trata-se de desenvolver uma atitude positiva em relação aos outros.

Por certo, já observou, que uma forma de conseguirmos que alguém realize uma tarefa difícil é nem sequer pôr em causa que a pessoa a consiga desempenhar; depositar confiança nela. Na generalidade, as pessoas tudo farão para corresponder às nossas expectativas.

Por outro lado, se não confiamos ou não gostamos de alguém, tudo no nosso comportamento revelará esse sentimento. O nosso olhar, a nossa postura, o nosso tom de voz, a nossa maneira de falar, a atenção que lhe dispensamos, etc.

No entanto, não pretendo ser fundamentalista a ponto de afirmar que as expectativas que temos sobre os outros determinam absolutamente o seu comportamento; influenciam, isso sim.

EMOÇÕES

A emoção é uma força poderosa que influencia os comportamentos humanos. Está na base de conflitos de toda a espécie e das melhores ações que se possam praticar. A emoção é o «sal» da vida; sem emoções a vida seria monótona. A alegria que sentimos numa festa, o prazer quando realizamos um objetivo, o divertimento que conseguimos ter em situações engraçadas, tudo isto faz com que a vida mereça ser vivida.

Uma emoção pode ser definida por um conjunto de três componentes. Em primeiro lugar é um estado de excitação do corpo marcado por muitas mudanças psicológicas. É também um estado de espírito que parcialmente decorre do estado de excitação, que pode ser agradável ou desagradável. Finalmente, é a materialização de tudo isto através de alguma forma de expressão – a voz, a expressão facial, os gestos, etc.

Kreck organiza as emoções como se segue:

- Emoções primárias: alegria, medo, cólera e pesar;
- Emoções referentes à estimulação sensorial: dor, náusea, aversão, prazer;
- Emoções ligadas à autoestima: vergonha, orgulho e culpa;
- Emoções referentes a outras pessoas: amor, ódio e piedade;
- Emoções «contemplativas»: humor, beleza e admiração;
- Disposições: tristeza, angústia e entusiasmo;

A influência das emoções é decisiva no comportamento, como atrás afirmei. O ser humano tudo faz para obter satisfação, ou seja, experimentar emoções positivas. Se a determinado tipo de conduta corresponder o experimentar de prazer emocional, pode-se estar certo que o sujeito tê-la-á sempre que possível.

COMPETÊNCIAS

Competências são capacidades para realizar coisas. São função de aptidões (disposições inatas) da socialização, em geral, e da formação, em particular.

Exemplos de aptidões são: destreza manual, atenção ao detalhe, raciocínio numérico, aptidão verbal, etc.

Em 1983, no seu livro *Frames of mind*, Howard Gardner abre a porta à discussão do conceito das múltiplas inteligências que podemos aqui apresentar como exemplos de competências. Na referida obra, Gardner apresenta sete tipos de inteligências:

1. Linguística;
2. Lógica/matemática;
3. Musical;
4. Física/cinestésica;
5. Espacial;
6. Interpessoal;
7. Intrapessoal

Mais tarde, no seu livro de 1999, *Inteligence Reframed*, Gardner propõe um tipo diferente de inteligência, a que dá o nome de inteligência filosófica e que combina as inteligências espiritual, moral, emocional, transcendental, cósmica e religiosa.

Esta abordagem de Gardner abre caminho a novos estudos sobre inteligência/competências e sucesso e, em 1993, são publicados os resultados de um estudo realizado pela Bell Labs que teve como objetivo perceber o que é que distinguia os *top performers* das pessoas «normais». Segundo os resultados desse estudo, existia uma grande diferença entre os mais bem-sucedidos e os médios em dois fatores: competências de relacionamento interpessoal e *network*. Os mais bem-sucedidos eram pessoas que se relacionavam melhor com os outros e tinham uma rede de contactos mais vasta.

Na sequência deste estudo, em 1995, Daniel Goleman escreve o seu livro *Inteligência Emocional*, onde apresenta, de uma forma sistematizada, os conceitos das inteligências interpessoal e intrapessoal de Gardner numa só, a que deu o nome do título do seu livro: **inteligência emocional**. Pela primeira vez, o mundo dos negócios, de uma forma global, tomou consciência daquilo que há muito se procurava para explicar o sucesso e que devia acompanhar a inteligência geral: a aplicação da inteligência ao relacionamento interpessoal.

De uma forma simplificada, a inteligência emocional é a inteligência responsável por nos auxiliar a entender a situação/contexto social em que estamos e a escolher a melhor resposta para que a situação evolua de acordo com os nossos interesses.

Esta inteligência é composta por várias competências que podem ser agrupadas em quatro categorias. Na primeira categoria, que pode ser designada por **autoconsciência**, estão englobadas a autoconsciência emocional, autoconceito adequado e autoconfiança. Na segunda categoria, que se pode designar por **consciência dos outros**, encontramos a empatia, a consciência organizacional e a orientação para servir (ser útil aos outros). Na terceira categoria, **autogestão**, temos o controlo emocional, a transparência, a adaptabilidade, a necessidade de realização, a iniciativa e o otimismo. Finalmente, na quarta categoria, **relacionamento interpessoal**, temos a capacidade de desenvolver os outros, liderança inspiradora, a influência, a liderança da mudança, a gestão de conflitos e a colaboração.

Vejamos com mais detalhe cada uma das competências.

■ Autoconsciência

- Autoconsciência emocional é a capacidade de se ter consciência do que se está a sentir a cada momento. Esta competência desenvolve-se através de uma atitude de observação e interpretação ativa do estado emocional. É quase como sair do Eu e ver de cima o que se está a passar. É conseguir identificar emoções como a raiva, o medo, a alegria, a aversão, a tristeza, entre outras. Esta consciência é importante no momento em que se escolhe a resposta. Todos sabemos que as respostas que damos variam muito com o estado emocional em que se está, e o saber identificar esse estado é o primeiro passo para que as respostas estejam de acordo com os valores pessoais e finalidades pretendidas e não pelo impulso que normalmente as alterações emocionais provocam. Como sabe, um comportamento que pode dar muito prazer num determinado momento por estarmos com raiva, por exemplo, gritar e/ou humilhar o outro em público, é extremamente disfuncional para o futuro, seja qual for o objetivo pretendido.

- O autoconceito adequado significa que a imagem que temos de nós próprios corresponde ao que os outros pensam de nós. Esta dimensão é importante porque a generalidade do que nos acontece por via de outras pessoas tem por base o que elas pensam de nós. Se nos considerarmos muito competentes mas o nosso chefe, os nossos colegas e os nossos colaboradores não o considerarem, então algo de estranho se passa e está aberto o caminho para a confusão e para a frustração. A melhor forma de o saber é ter a coragem de perguntar aos outros o que pensam de nós. Num livro que escrevi, *O Gestor – A arte de Liderar*, propus uma grelha de avaliação exatamente para esse efeito. É muito útil saber o que os outros pensam de nós para que nos apercebamos de eventuais deficiências de comunicação interpessoal, para tomarmos consciência de certos comportamentos e características cuja interpretação desconhecíamos.
- A autoconfiança é outra das competências fundamentais para o êxito no relacionamento interpessoal. Quando falo em autoconfiança, não estou a falar de vaidade ou narcisismo. Estou a falar, isso sim, da característica de segurança que as pessoas que se conhecem bem têm quando avaliam um desafio como atingível. Esta autoconfiança envolve um certo arrojo mas uma grande noção da realidade que permite que transmitamos aos outros uma sensação de segurança quando necessitam de nós como guias/influenciadores das suas condutas.

■ Consciência dos outros

- Empatia é a capacidade de perceber os sentimentos e emoções dos outros. Uma pessoa empática normalmente é procurada pelos outros para «desabafar» e é tida por compreensiva. É importante que se faça a distinção relativamente à simpatia. Simpatia é ser agradável com o outro, é uma atitude ativa. A empatia é passiva e visa a compreensão da componente emocional do interlocutor. Uma pessoa empática facilmente escolhe as alturas certas para dizer as coisas certas. Uma vez mais, as funções comerciais são as mais exigentes a este nível. Saber quando fechar a venda é essencialmente um processo conduzido através da empatia. Também em alturas de avaliação do desempenho esta dimensão é fundamental. Para avaliar aspetos mais negativos sem deixar de dizer o que se pretende, é fundamental assertividade e empatia.

- Consciência organizacional é a capacidade de perceber o funcionamento da organização enquanto conjunto de pessoas com personalidades distintas, objetivos diferentes e dinâmica própria. Muitos dos fracassos em processos de mudança organizacional devem-se, exatamente, aos seus promotores não serem fortes nesta dimensão.
- Orientação para o serviço tem a ver com a capacidade e gosto por ajudar os outros, a predisposição para servir. Esta é uma característica que muitos dos funcionários «encalhados» nas empresas não tem. Pensam mais no que os outros podem fazer por eles do que no que eles próprios podem fazer pelos outros. A longo prazo, esta característica «compensa». Embora no curto prazo, por vezes, não pareça a atitude mais correta e vantajosa, ajudar os outros sem gratificação imediata é um dos ingredientes do sucesso.

▪ Autogestão

- Controlo emocional significa não agir por impulso e sob o comando da emoção que nos governa a cada momento. É mais grave quando não se controlam os efeitos das emoções negativas do que o das emoções positivas. Muitas vezes, o carisma está associado à exteriorização das emoções positivas, que contagia os outros de otimismo. Mas, mesmo essas, devem ser exteriorizadas com perfeito conhecimento do pretendido e não de uma forma completamente impulsiva, sob pena de se poder parecer desequilibrado.
- Transparência é apresentada por Goleman como sendo honestidade e fiabilidade. Para se subir numa organização, esta é uma variável fundamental e arrisco mesmo dizer que é, também, fundamental para o sucesso como ser humano. Como todos os líderes de sucesso sabem, as equipas perdem-se quando o líder deixa de ser merecedor de confiança. Mentiras e promessas não cumpridas são o pior inimigo da ascensão organizacional e da liderança eficaz.
- Adaptabilidade aparece como sendo a capacidade de modificar as atitudes e os comportamentos consoante o contexto, bem como a capacidade de não ficar preso a rotinas que impeçam a

obtenção de bons resultados em cenários distintos. Como é fácil de compreender, esta é uma dimensão cada vez mais decisiva tendo em consideração a velocidade a que tudo muda e a que as coisas acontecem.

- Uma elevada necessidade de realização, entre outros benefícios, faz com que as pessoas cumpram regularmente os objetivos a que se propõem, fator fundamental para o sucesso nas organizações. Isto porque, à necessidade de realização está associado o medo do fracasso, o que leva as pessoas a serem prudentes quando estabelecem objetivos.

Esta é, claramente, uma dimensão muito associada ao talento.

- Iniciativa e otimismo

■ Relacionamento interpessoal

- Desenvolver os outros está diretamente relacionado com os processos de sucessão e todos os líderes de sucesso o sabem. É mais fácil ser-se promovido quando existe alguém preparado para nos substituir. Por outro lado, o resultado de uma equipa é tanto melhor quanto melhor for o desempenho de cada um dos seus elementos. Esta é uma realidade que todos os líderes de sucesso sabem e procuram influenciar. Em especial nos lugares mais altos, onde o custo de falhar é maior, ter colaboradores com elevada capacidade de execução faz toda a diferença.
- Liderança inspiradora pode ter dois entendimentos, igualmente importantes. O primeiro é o líder ser um exemplo a seguir, pelas suas características humanas e estratégicas. O segundo é o que normalmente se designa por carisma, ou seja, ter um magnetismo quase inexplicável. Mais à frente analisaremos em detalhe o aspeto da liderança.
- Já a influência é uma competência que vai para além do processo de liderança. Influência é a capacidade de levar pessoas, sobre as quais não temos qualquer tipo de poder hierárquico, a fazerem ou a decidirem tendo em conta a nossa vontade.
- A capacidade de gerir a mudança vai para além da adaptabilidade, uma vez que implica empatia e consciência organizacional, de forma a conduzir os outros ao êxito sempre que exista a necessidade de mudar.

- A capacidade de gerir conflitos é outra das variáveis fundamentais para qualquer gestor de pessoas. Um conflito é uma situação onde existem recursos escassos (nem que seja somente ter razão) e uma competição para os obter que produz emoções negativas. Não cabe aqui alongarmo-nos sobre este tema, mas apenas dizer que é uma variável de extrema importância na inteligência emocional e está correlacionada com muitas das dimensões anteriormente apresentadas.
- Finalmente, capacidade de trabalhar em equipa é fundamental para qualquer líder, independentemente do nível a que esteja posicionado na organização.

Como pode ver, Goleman foi mais longe do que a investigação dos Bell Labs e do que Howard Gardner. A sistematização por si apresentada é, para além do mais, muito instrumental para a programação do desenvolvimento destas competências. Todas as pessoas ditas «normais», nascem e vão desenvolvendo de uma forma não estruturada estas competências. No entanto, para muitos, o resultado obtido por essa via não é suficiente, sendo necessário, para facilitar o sucesso, o desenvolvimento programado de algumas das competências apresentadas.

Mais recentemente, foi trazido para a gestão um novo tipo ou conceito de inteligência: a Inteligência Espiritual. Atrás referi que a inteligência emocional é a inteligência responsável por nos auxiliar a entender a situação/contexto social em que estamos e a escolher a melhor resposta para que a situação evolua de acordo com os nossos interesses. Pois bem, a Inteligência Espiritual é a inteligência que nos diz se, antes de mais, queremos estar nessa situação.

Para melhor compreensão do tema, convém fazer algumas definições. Por espiritualidade pode entender-se a necessidade humana de ligação com algo mais elevado, que transcenda a dimensão humana. Mas o que é que se pode entender por algo mais elevado, que transcenda o ser humano? É acreditar que existe algo para além do nosso ego, ou sentido de nós próprios, que, de alguma forma, nos pode condicionar/influenciar e do qual fazemos parte.

Esta dimensão, a espiritualidade, pode ser ainda definida como tendo duas componentes: uma vertical e outra horizontal. A componente vertical está relacionada com a crença numa entidade superior, algo sagrado e divino, um poder supremo, uma consciência universal ou outro nome que se queira dar a esta realidade acima de nós e da qual esperamos orientação e ligação. A componente horizontal prende-se com a orientação para servir os outros e o planeta em geral.

Uma definição possível de Inteligência Espiritual é a capacidade de entendermos a finalidade da nossa vida a cada momento e de nos comportarmos com compaixão e sabedoria, mantendo a calma interior e exterior, independentemente das circunstâncias.

É comum reconhecerem-se um conjunto de características às pessoas assumidamente espirituais, ligadas aos vários tipos de credos. Normalmente, estas pessoas são retratadas como amáveis, possuindo uma grande capacidade de amar o próximo, compassivas e com grande capacidade de perdão, pacíficas, corajosas, honestas, generosas, persistentes, sábias e inspiradoras, apresentando sempre um contentamento típico de quem conhece e gosta do seu posicionamento na ordem natural das coisas. Aparentemente, se o caminho da espiritualidade produz a incorporação destas dimensões, não deixa de ser um caminho «aspiracional».

Idealmente, as competências devem estar adequadas ao posto de trabalho que as pessoas desempenham. É para tentar atingir este objetivo que existe um conjunto de «ferramentas» de seleção de pessoal. A meta é a pessoa certa para o lugar certo.

Quando alguém escolhe tirar o curso A ou B, está a escolher o desenvolvimento de determinado tipo de competências que lhe vão limitar o acesso a funções onde essas competências não sejam adequadas. É o processo de formação, em ação.

Este livro tem como objetivo, essencial, auxiliá-lo a desenvolver alguns aspetos da inteligência emocional. A generalidade dos gestores nas organizações obtém resultados através de outras pessoas. Quanto mais bem dirigidas forem essas pessoas, melhores os resultados por elas obtidos.

Se às competências associarmos motivação para as pôr em prática, estaremos então a falar de talento.

O talento corresponde ao resultado do desenvolvimento contínuo de determinadas competências/capacidades, exercendo atividades que nos dão muito prazer, através de uma prática intencional de melhoria constante.

O seu objectivo, enquanto gestor de pessoas deverá ser, então, produzir talento na sua equipa. Um bom gestor de pessoas reúne-se de pessoas com as competências adequadas e, através da gestão motivacional (que à frente abordaremos) ajuda a transformar competências em talento, potencial em resultados.

RESUMO

Neste capítulo analisámos alguns dos fatores que determinam o comportamento das pessoas nas organizações. Vimos que existiam fatores macro (cultura, classe social, família, amigos, instituições, experiências e leituras) e micro, influenciados pelos primeiros, (valores, crenças, atitudes, emoções, competências e motivação).

Começamos por definir os valores como sendo os grandes objetivos que norteiam o comportamento das pessoas, que servem como quadro de referência para a análise da realidade. Seguidamente abordámos as crenças, e dissemos que são constatações, ou princípios, ou acontecimentos que, independentemente de serem ou não corretos, são considerados como verdade. Trata-se da construção mental do mundo em que se vive.

Posteriormente vimos que as atitudes são sistemas de organização de experiências, vivências e conhecimentos relacionados com determinado objeto-alvo (grupo, pessoa, objecto, classe de objetos, acontecimento ou ideia) que condicionam os nossos comportamentos em relação a esse mesmo objecto-alvo.

Referimos as três componentes básicas da atitude:

- A crença ou ideia;
- A componente afetiva, determinada pelas emoções;
- A predisposição para a ação (aproximação ou repulsa do objecto da atitude, conforme determinado pela componente afetiva).

Referimos o importante papel desempenhado pelas nossas crenças no nosso contato com o mundo. Crenças inadequadas ou incompletas, produzem atitudes e comportamentos inadequados.

Alertámos para os efeitos que crenças erradas podem ter nos nossos comportamentos para com os outros e, por consequência, o seu efeito sobre o nosso desempenho organizacional.

Abordámos, também, os mecanismos pelos quais as pessoas resistem à alteração das suas crenças:

- Pôr em dúvida o acontecimento ou a fonte da mensagem;
- Alterar o sentido do fato, de forma a reduzir a sua incompatibilidade com a nossa crença;
- Ver só as coisas que estão de acordo com as nossas crenças.

Seguidamente, apresentámos o Efeito Pigmalião (ou efeito desencadeador) que diz respeito à forma como as nossas expectativas podem influenciar os acontecimentos.

Para finalizar definimos emoções e competências.

Definimos as primeiras por um conjunto de três componentes. Em primeiro lugar é um estado de excitação do corpo marcado por muitas mudanças psicológicas. É também um estado de espírito, que parcialmente decorre do estado de excitação, que pode ser agradável ou desagradável. Finalmente, é a materialização de tudo isto através de alguma forma de expressão – a voz, a expressão facial, os gestos, etc.

Definimos as segundas como capacidades para realizar coisas. São as funções de aptidões (disposições inatas) e da formação.

Num seu livro, Gardner apresenta sete tipos de inteligências:

1. Linguística;
2. Lógica/matemática;
3. Musical;
4. Física/cinestésica;
5. Espacial;
6. Interpessoal;
7. Intrapessoal

Mais tarde, no seu livro de 1999, *Inteligence Reframed*, Gardner propõe um tipo diferente de inteligência, a que dá o nome de inteligência filosófica e que combina as inteligências espiritual, moral, emocional, transcendental, cósmica e religiosa.

Em 1995, Daniel Goleman escreve o seu livro *Inteligência Emocional*, onde apresenta, de uma forma sistematizada, os conceitos das inteligências interpessoal e intrapessoal de Gardner numa só, a que deu o nome do título do seu livro: **inteligência emocional**. Pela primeira vez, o mundo dos negócios, de uma forma global, tomou consciência daquilo que há muito se procurava para explicar o sucesso e que devia acompanhar a inteligência geral: a aplicação da inteligência ao relacionamento interpessoal.

Mas talvez aqui importe definir o conceito de inteligência emocional. De uma forma simplificada, a inteligência emocional é a inteligência responsável por nos auxiliar a entender a situação/contexto social em que estamos e a escolher a melhor resposta para que a situação evolua de acordo com os nossos interesses.

Esta inteligência é composta por várias competências que podem ser agrupadas em quatro categorias. Na primeira categoria, que pode ser designada por **autoconsciência**, estão englobadas a autoconsciência emocional, autoconceito adequado e autoconfiança. Na segunda categoria, que se pode designar por **consciência dos outros**, encontramos a empatia, a consciência organizacional e a orientação para servir (ser útil aos outros). Na terceira categoria, **autogestão**, temos o controlo emocional, a transparência, a adaptabilidade, a necessidade de realização, a iniciativa e o otimismo. Finalmente, na quarta categoria, **relacionamento interpessoal**, temos a capacidade de desenvolver os outros, liderança inspiradora, a influência, a liderança da mudança, a gestão de conflitos e a colaboração. Mais resumidamente abordamos a questão da inteligência espiritual.

SUGESTÕES

1. Reveja as respostas que deu ao primeiro questionário e procure lembrar-se de situações que coloquem o ser humano ainda mais distante da atitude A do que a escolha que fez.

Se se lembrar de poucas situações, arrume o livro e procure no seu local de trabalho essas situações. Quando já tiver encontrado umas tantas pegue de novo no livro.

Já agora, veja se não demora mais de dois dias.

2. Pense nas pessoas que trabalham consigo. Classifique-as em três classes: bons, médios e maus.

Agora pense, com sinceridade, se a sua forma de relacionamento com os bons e os maus, é igualmente motivadora para eles.

Verá que existem diferenças. Quem sabe se as pessoas não obtêm resultados surpreendentes, se o leitor alterar as suas expectativas e o seu comportamento para com elas?

Experimente e logo verá.

3. Em seguida, preencha, por favor, o questionário (primeiro questionário, segunda parte) que se segue, antes de continuar a leitura.

PRIMEIRO QUESTIONÁRIO (2.ª PARTE)

Na sequência de cada afirmação, segue-se uma escala com seis possibilidades de resposta, onde a escolha do valor 1 representa concordância total com a afirmação e o valor 6 discordância total. Como consequência do que foi dito, quanto mais próxima do 1 estiver a resposta, maior a sua concordância com a frase apresentada; quanto mais próxima do 6, maior a sua discordância.

1. Eu tenho uma tendência natural para evitar o trabalho.

1 2 3 4 5 6

2. Quando o meu chefe não está, trabalho o menos possível.

1 2 3 4 5 6

3. Eu sou essencialmente motivado por incentivos económicos e faço qualquer coisa que, garantidamente, me aumente os proventos.

1 2 3 4 5 6

4. O fato de os meus sentimentos intervirem, muitas vezes, no desempenho da minha função faz com que a qualidade do meu trabalho diminua. Isto porque os sentimentos são, essencialmente, irracionais, o que contraria o princípio da racionalidade que deve nortear o meu comportamento na empresa.

1 2 3 4 5 6

5. As regras e os procedimentos da minha organização devem controlar os efeitos dos meus sentimentos, uma vez que eu sou imprevisível.

1 2 3 4 5 6

6. Se eu sinto que o controlo abranda tenho tendência a desleixar a execução das minhas tarefas.

1 2 3 4 5 6

7. Eu só gosto que me deem opiniões quando são concordantes com as minhas.

1 2 3 4 5 6

8. Devido à característica da irracionalidade dos meus sentimentos e ao baixo grau da minha maturidade, tenho uma séria dificuldade na prática da autodisciplina e do autocontrolo.

1 2 3 4 5 6

9. Eu evito assumir novas responsabilidades devido à carga adicional de trabalho que isso me possa trazer, a não ser que isso seja acompanhado de um aumento salarial.

1 2 3 4 5 6

10. Eu fico com uma má impressão de um chefe quando ele muda a sua ideia inicial, após constatar que existem melhores alternativas.

1 2 3 4 5 6

11. Quando um superior hierárquico me dá demasiada confiança dá, normalmente, mau resultado, pois tendo a abusar.

1 2 3 4 5 6

12. Eu não tenho capacidade para definir os meus próprios objetivos nem para escolher os meios para os atingir. Têm de me dizer tudo ou quase tudo.

1 2 3 4 5 6

13. Se sou, ou fui, desinteressado e desleixado no meu trabalho, isso deve-se às minhas características de personalidade e implica que sou uma «nódoa» em tudo na vida.

1 2 3 4 5 6

14. Se o meu salário subisse significativamente, a minha produtividade aumentava em conformidade. Logo, não estou a trabalhar como devia porque me considero mal pago.

1 2 3 4 5 6

15. É preciso controlar de perto o meu trabalho para que a qualidade não diminua.

1 2 3 4 5 6

16. Eu só dou alguma sugestão quando penso que vou ganhar dinheiro com ela.

1 2 3 4 5 6

17. É preciso ter o cuidado de me ocultar informações desagradáveis para que o meu desempenho não seja afectado negativamente.

1 2 3 4 5 6

18. Se me pedirem para definir os meus objetivos, escolherei os menos ambiciosos possíveis, para com isso evitar uma carga adicional de trabalho.

1 2 3 4 5 6

19. Eu sou um irresponsável.

1 2 3 4 5 6

20. Eu preocupo-me pouco com o bem-estar dos meus semelhantes. Tanto faz eles estarem bem como mal.

1 2 3 4 5 6

GRELHA DE CORREÇÃO DO PRIMEIRO QUESTIONÁRIO

Transcreva para a grelha que se segue a escolha que fez nas duas partes do questionário (1, 2, 3, 4, 5 ou 6). Repare que as afirmações não aparecem na grelha em ordem sequencial.

Pontuação:
Nas colunas da pontuação, atribua os valores constantes na tabela abaixo, conforme tenha sido a sua escolha.

Escolha	**Pontuação**
1	–3
2	–2
3	–1
4	+1
5	+2
6	+3

Inversões:
Considera-se que existe uma inversão se a pontuação de qualquer afirmação tiver sido negativa na primeira parte do teste e positiva na segunda. Caso isso aconteça, assinale com um I, na coluna respetiva.

Grelha:

Relação ALFA – Relação do homem com o trabalho

	Parte 1		Parte 2		
Afirmações	**Escolha**	**Pontuação**	**Escolha**	**Pontuação**	**Inversões**
1					
2					
6					
18					
Totais					

Relação BETA – Relação do homem com a motivação

	Parte 1		Parte 2		
Afirmações	**Escolha**	**Pontuação**	**Escolha**	**Pontuação**	**Inversões**
3					
9					
14					
16					
Totais					

Relação GAMA – Relação do homem com as realizações

	Parte 1		Parte 2		
Afirmações	**Escolha**	**Pontuação**	**Escolha**	**Pontuação**	**Inversões**
11					
12					
15					
19					
Totais					

Relação DELTA – Relação dos sentimentos com o desempenho

	Parte 1		Parte 2		
Afirmações	Escolha	Pontuação	Escolha	Pontuação	Inversões
4					
5					
8					
17					
Totais					

Relação ÓMEGA – Relação de plasticidade do homem

	Parte 1		Parte 2		
Afirmações	Escolha	Pontuação	Escolha	Pontuação	Inversões
3					
9					
14					
16					
Totais					

Só para os resultados da primeira parte

Relação Pontuação

ALFA

BETA

GAMA

DELTA

ÓMEGA

Total + 5 ⇒ Média:

Capítulo 2

Nós e os Outros, a Diferença

O primeiro questionário · Onde está a justificação? · As inversões · Posições existenciais · Resumo

O PRIMEIRO QUESTIONÁRIO

Nesta altura já deve ter apurado os resultados do seu questionário. Muito bem... Comecemos pelas inversões!

Quanto mais elevado for o número de inversões, mais provável é que se julgue acima da média, superior aos outros, enfim, diferente...

Não duvido que seja diferente. Aliás, todos somos diferentes uns dos outros. No entanto, muitos dos princípios que se aplicam a nós, aplicam-se, na generalidade, a uma grande maioria de pessoas. Isto porque, antes de sermos diferentes, somos todos estrutural e culturalmente idênticos.

ONDE ESTÁ A JUSTIFICAÇÃO?

Então, porquê estas diferenças?

NÓS: Não somos preguiçosos... ENTÃO: O trabalho é que é monótono.

Os outros produzem pouco... Que grandes preguiçosos! Tanta gente que gostava de ter aquele emprego e eles ainda se queixam...

NÓS: Não precisamos que nos controlem...

ENTÃO: Somos adultos suficientes para saber o que temos de fazer!

Só faço uma pergunta! Se todas as pessoas que responderam a este questionário se acham tão adultas, tão trabalhadoras, tão maduras, onde é que estão os outros que eles vêm com tão maus olhos?

É que esses, que está a pensar, se calhar até já preencheram o questionário e julgam-se tudo o que o leitor se julga a si próprio. E mais, quando classificaram os outros, incluíram-no a SI entre eles, entre os PREGUIÇOSOS.

Uma explicação possível é que quando nós somos o sujeito de alguma situação em que o nosso comportamento não corresponde ao que consideramos o mais adequado, as razões para tal são sempre atribuídas ou aos outros ou à situação.

EU → COMPORTAMENTO POUCO ADEQUADO
RAZÃO → OS OUTROS, A SITUAÇÃO...

Se, por outro lado, são os outros que fazem alguma coisa que não corre bem, é a eles que atribuímos a culpa.

ELES → COMPORTAMENTO POUCO ADEQUADO
RAZÃO → A SUA MANEIRA DE SER...

SITUAÇÃO A1: Está a fazer tiro ao alvo e falha. A sua pontaria costuma ser boa.

CONCLUSÃO A1: Ou a mira está mal regulada ou a espingarda está desequilibrada.

SITUAÇÃO A2: Outra pessoa está a fazer tiro ao alvo e falha.

CONCLUSÃO A2: Que falta de pontaria ele tem.

SITUAÇÃO B1: Perde um jogo de ténis com um parceiro que joga mais ou menos ao seu nível.

CONCLUSÃO B1: Teve sorte, se não fosse aquele falhanço...

SITUAÇÃO B2: Ganha o jogo.

CONCLUSÃO B2: Eu hoje estou a jogar mesmo bem...

SITUAÇÃO C1: É o autor de uma campanha de marketing muito bem-sucedida.

CONCLUSÃO C1: Realmente fui mesmo bem-sucedido. Tenho mesmo jeito para isto. Não era qualquer um que tinha estas ideias.
SITUAÇÃO C2: A campanha era um desastre.
CONCLUSÃO C2: As minhas ideias até eram boas... Se não tivesse sido aquele imprevisto... Foi mesmo azar. Ninguém teria podido prever aquilo.

SITUAÇÃO D1: Obtém uma pontuação no questionário que indica que se considera uma pessoa madura, responsável, que não é o dinheiro que o faz fazer mais e melhor, etc.
CONCLUSÃO D1: É óbvio. Isto é como eu sou...
SITUAÇÃO D2: Os outros obtêm uma pontuação no questionário idêntica à sua.
CONCLUSÃO D2: De boas intenções está o inferno cheio. Acredito que eles gostassem de ser assim... mas do gostar ao ser vai uma grande distância. Eles são como eu os classifiquei.

Pense nisto:

A generalidade das pessoas que preencheram este questionário concordou (entre 1 e 3) que o ser humano tem uma tendência para evitar o trabalho. No entanto, quando essas mesmas pessoas refletiam sobre si próprias, mais de 90% discordaram (entre 4 e 6) que isso se aplicasse a elas.

Em suma, mesmo que o seu comportamento atual fosse «preguiçoso», era porque não gostavam do que estavam a fazer e não devido à sua natureza.

No que diz respeito aos outros, essa preguiça é vista como algo inerente à sua própria natureza, à qual a situação e a natureza da tarefa são alheias.

Outra questão que pode reforçar o que acima afirmei, é a questão 13. A generalidade dos respondentes ao questionário concordou (entre 1 e 3) que, quando as pessoas são desinteressadas e desleixadas, isso deve-se à sua maneira de ser, enfim, à sua personalidade.

Quando se lhes pede para se situarem como sujeitos, o seu desleixo ou desinteresse quase nunca é considerado como fazendo parte da sua personalidade, mas sim da situação, mais concretamente, da desadequação entre os seus interesses e a atividade que exercem. Ou seja, são as condições que fazem com que se seja preguiçoso ou desinteressado.

Em resumo, EU NÃO sou PREGUIÇOSO. O trabalho é que é aborrecido, ou estou desmotivado, etc. ELES são PREGUIÇOSOS, não há nada a fazer.

Sejamos realistas... Se todas as pessoas se classificam assim (entre 4 e 6) onde é que estão as pessoas que têm essa personalidade desleixada e desinteressada? Se calhar, só mesmo na sua crença...

Se as pessoas se desinteressam do trabalho é porque o trabalho não lhes agrada e não porque sejam desinteressadas por natureza.

Conheci um empregado bancário que era uma pessoa considerada desinteressada e desleixada pela generalidade das pessoas. Nunca sobressaía no desempenho das suas funções, ou melhor, quando sobressaía era pela negativa. Ninguém dava nada por ele. Começou a dedicar-se à atividade sindical e (quem diria?) sobressaiu bastante... fez um excelente trabalho.

Porquê?

Simples! Muito simples até! Gostava do trabalho sindical. Encontrava nesse tipo de trabalho uma finalidade, um desafio.

Voltando ao tema do questionário: a maneira como se vê, é como a generalidade das pessoas se veem a si próprias. O privilégio de ser assim, não é só seu. O problema é que eles o veem a si como você os vê a eles. Se vê os outros de uma maneira um pouco... hum... «realista» (como alguns leitores dirão) eles podem-no ver a si, leitor, exatamente da mesma maneira. Resultado: andam todos a representar os papéis errados.

AS INVERSÕES

Se tiver inversões, isso pode revelar uma certa tendência à inadequação da ação em relação aos outros.

Se meditar um pouco, verá que nessa situação nem mesmo a máxima «não faças aos outros aquilo que não gostas que te façam a ti» funciona. Uma vez que consideramos os outros diferentes de nós, torna-se natural que isso, por si só, determine a existência de certos comportamentos, justificados pelo fato dos outros serem diferentes ou «piores» do que nós. Ou seja, «eu não gostava que me fizessem isto, porque eu não sou como ele... Se fosse, se calhar até achava necessário e compreendia».

Na realidade, não somos assim tão diferentes dos outros. Temos as nossas particularidades, claro. A isso chama-se PERSONALIDADE. É o que nos torna distintos dos outros. No entanto, pelo fato de sermos seres humanos criados numa mesma cultura, faz com que tenhamos muito em comum uns com os outros.

A generalidade das questões que lhe apresentei no teste não dependem da personalidade dos sujeitos, antes dependem da relação entre a sua personalidade e o ambiente que proporcionamos à livre expressão das suas necessidades como pessoas.

Por isso, um conselho:

Considere mais os outros como parecidos consigo do que como diferentes. Como pessoas que têm desejos e aspirações que até podem ser parecidas com as suas. Se se julga uma pessoa trabalhadora e interessada verá, se lhes der oportunidade e um trabalho interessante, que os outros também o são.

POSIÇÕES EXISTENCIAIS

O questionário que acabou de preencher também revela algo em relação às posições existenciais. Este conceito é oriundo de uma teoria de relacionamento interpessoal designada por análise transacional, desenvolvida por Eric Berne, e caracteriza as relações possíveis entre o autoconceito e o conceito que fazemos da generalidade das pessoas. De acordo com o autor, existem 4 posições existenciais possíveis:

Eu sou Ok	Você é Ok
Eu sou Ok	Você não é Ok
Eu não sou Ok	Você não é Ok
Eu não sou Ok	Você é Ok

A primeira, Eu sou Ok/Você é Ok é a posição mais saudável. Quem vive esta posição tem uma autoestima elevada, bem como um bom conceito dos outros. É, por natureza, uma posição vencedora. As relações com os outros baseiam-se na confiança mútua e, quando a pessoa em questão for um gestor, é muito provável que delegue bastante e tenha um estilo de liderança mais persuasivo do que autoritário. Está nesta posição se a sua pontuação da primeira parte do primeiro questionário for acima do meio da escala e se tiver poucas inversões .

A segunda, Eu sou Ok/Você não é Ok, implica um estado de censura permanente à incapacidade dos outros que nos rodeiam. Quem vive este estado, julga-se superior aos outros, deixando, a generalidade das vezes, transparecer essa realidade. Se estivermos a falar de um gestor, será provavelmente alguém autoritário, que delega pouco por falta de confiança nos outros. Estará nesta posição se na segunda parte do primeiro questionário tiver uma pontuação alta mas tiver muitas inversões.

A terceira posição existencial, Eu não sou Ok/Você não é Ok, é a posição típica do desiludido da vida que, para além de considerar que nada vale, considera todos os outros iguais ou piores. Levada ao extremo, esta posição existencial entra no domínio das perturbações da personalidade, dificultando o relacionamento interpessoal. A pertença a esta classe pode ser inferida de uma baixa pontuação na segunda parte do primeiro questionário e de poucas inversões.

Finalmente, a quarta posição existencial, Eu não sou Ok/Você é Ok, é a posição típica do depressivo. Trata-se de uma pessoa que, mercê do insucesso pessoal que tem tido, se considera inferior, invejando os outros que considera Ok. É a pessoa que, embora tenha «azar», não culpa os outros, culpando-se antes a si próprio pela sua pouca capacidade. Esta posição existencial revela-se por uma baixa pontuação na segunda parte do primeiro questionário e por muitas inversões.

As posições existenciais não são constantes, isto é, pode ter uma dominante, mas ao longo do seu dia ir tendo uma ou outra, consoante os acontecimentos. Imagine que hoje de manhã, quando saiu de casa, travou razões com o seu cônjuge, porque considera que é desmazelado e desarrumado. Porventura nessa altura está numa posição existencial Eu sou Ok/Você não é Ok. Após chegar à empresa, vai ter uma reunião com o seu chefe, que sabe ser uma pessoa que o admira, sendo esse sentimento mútuo. Nesta situação, é provável que a sua posição existencial seja Eu sou Ok/Você é Ok. Poderia continuar com o exemplo mostrando mais variações, mas penso que é suficiente para ilustrar o conceito.

A posição existencial dominante, não é mais do que uma atitude perante a vida e os outros. Embora não determinante de todos os comportamentos, influencia decisivamente a generalidade deles.

As situações mais extremas, dentro de uma certa normalidade, que se verificam, oscilam entre as pessoas considerarem que tudo o que de mal acontece é da sua exclusiva responsabilidade, por falta de competência (comportamento depressivo) e os que responsabilizam os outros e as situações por tudo o que de mal acontece (a si e aos outros). Qualquer um deste extremos é inimigo do desenvolvimento pessoal. O primeiro, por falta de auto estima e baixo auto conceito, leva à incapacidade de trilhar qualquer caminho de desenvolvimento pessoal. O segundo, pela falta de capacidade de se pôr em causa, situação necessária para qualquer processo de mudança pessoal.

Se há algo que posso afirmar com pouco medo de errar, é que a vida é difícil. E é difícil para todos. Dirá o leitor que considera que o seu fardo é superior ao da generalidade das pessoas que isso não é exatamente assim; que verdadeiros os problemas não estão igualmente distribuídos. Posso concordar que a dimensão objetiva dos problemas (se é que isso existe) pode ser diferente mas...

Cada um de nós vê os problemas que o apoquentam como os maiores de todos. E é normal e saudável que assim seja, sob pena de ligarmos mais aos problemas dos outros do que aos nossos o que, a médio prazo poderia fazer com que a nossa vida se tornasse um caos e inclusive perderíamos a capacidade de ajudar os outros.

De facto, repito, a vida é difícil. Difícil no sentido de penosa, em alguns casos, desafiante, em outros, e que exige de nós um percurso de desenvolvimento pessoal constante, na busca do equilíbrio e do bem-estar. Na procura de, em cada momento, ter a posição existencial mais adequada, avaliar onde começa a nossa responsabilidade pelas situações e dificuldades e onde ela acaba e, procurar ter a serenidade para aceitar as restrições que não conseguimos mudar. Em especial se o nosso papel é liderar outros, esse equilíbrio e sabedoria são fundamentais para que o exercício da liderança se revele uma atividade gratificante para o próprio e produtora de felicidade, satisfação e resultados para os outros.

RESUMO

Neste capítulo, chamámos a atenção para a dualidade de critérios quando as pessoas se analisam a elas próprias ou aos outros. Vimos que o ser humano tem uma tendência para atribuir a si próprio a causa dos sucessos e aos outros ou à situação a causa dos insucessos.

Referimos, em seguida, que ter muitas inversões no primeiro questionário, pode revelar uma certa inadequação à ação relativamente aos outros.

Finalmente, apresentámos as posições existenciais possíveis de existirem:

Eu sou Ok	Você é Ok
Eu sou Ok	Você não é Ok
Eu não sou Ok	Você não é Ok
Eu não sou Ok	Você é Ok

Referimos que a primeira é a mais equilibrada e que, normalmente, é reflectida por um baixo número de inversões.

A segunda implica um estado de censura permanente à incapacidade dos outros que nos rodeiam.

A terceira é a posição típica do desiludido da vida. Não tem amor-próprio nem estima pelos outros.

Finalmente, a quarta posição existencial é a posição típica do depressivo.

Terminámos por constatar que a vida é difícil e que é nossa responsabilidade adquirir a sabedoria que nos permita distinguir entre o que podemos mudar para equilibrar as situações e aquilo que temos de aceitar e adaptarmo-nos.

Capítulo 3

A Relação Alfa

A relação do homem com o trabalho

Estilo de liderança e desempenho · As variáveis intervenientes · Liderança situacional · Resumo · Sugestões · Estudo de caso

Considerando o Primeiro Questionário (1.ª parte), as questões que medem a sua sensibilidade à chamada relação alfa, a relação do homem com o trabalho, são as seguintes:

1. O ser humano tem uma tendência natural para evitar o trabalho;
2. «Patrão fora, dia santo na loja»;
6. Se as pessoas sentem que o controlo abranda, tendem a desleixar a execução das suas tarefas;
18. Se pedirmos às pessoas para definirem os seus objetivos, elas tenderão a escolher os menos ambiciosos possíveis, para com isso evitarem uma carga adicional de trabalho.

Pense no que decidiria se lhe oferecessem o triplo do seu salário para não fazer NADA. Isso mesmo, NADA, absolutamente nada. Passar o dia numa cadeira a olhar para o ar... nem janelas existiriam.

Estou em crer que só aceitaria se, por algum motivo, estivesse terrivelmente necessitado de dinheiro e, mesmo assim, não creio que suportasse a situação por muito tempo.

O ser humano necessita de atividade, de estimulação, para poder desenvolver plenamente as suas capacidades.

Não sei se tem filhos. No entanto, por certo já observou crianças postas no seu mundo preferido: um espaço cheio de coisas para manipular. Pode imaginar o que acontece. A criança não para quieta. Pretende mexer, conhecer, dominar... A sua preocupação é realizar coisas com os objetos. Abrir, quando os objetos são adequados a essa ação, pôr a rolar, sempre que a forma lhe sugira essa possibilidade, enfim, realizar objetivos.

A atividade de uma criança, mexer em coisas, fazer construções, etc., pode ser comparada a uma atividade susceptível de ser remunerada, ou seja, TRABALHO. O objetivo é que pode ser diferente. Enquanto a criança escolherá fazer aquilo que mais prazer lhe dá, muitas pessoas são obrigadas a trabalhar numa coisa de que não gostam «só» para poderem sobreviver.

Conforme se pode observar, as crianças não ficam quietas no seu «cantinho» (infelizmente, em alguns casos, não é?). Antes, estão sempre empenhadas em fazer algo. É essa a nossa natureza... não evitar a atividade, antes procurá-la.

É curioso observar que, quanto mais crescida é a criança, mais a pessoa procura o conteúdo e não meramente o objetivo da atividade. Para uma criança de 6 meses vai dar ao mesmo, alcançar ela a roca pelos seus próprios meios ou ser-lhe entregue por um adulto. O que ela quer é a roca para poder brincar. Se estivermos a lidar com uma criança de dois ou três anos já não é bem assim. Aí, é a criança que gosta de fazer as coisas: vestir a camisola, subir as escadas sem ajuda, montar o seu brinquedo, etc.

A criança que até podia poupar esforço, não o faz, procura-o.

Porém, uma coisa é certa. Se uma criança pretende realizar algo e tem a consciência de que existem várias formas de o fazer, procurará a forma mais simples. Penso que esta é uma orientação geral para o comportamento humano. A escolha da forma mais económica (em todos os sentidos – tempo, custo, esforço) é uma constante que norteia a atividade de todos os investigadores e inventores que se dedicam a estudar aspectos tecnológicos da atividade humana.

No entanto, se a escolha for entre finalidades distintas (ou seja, escolher entre fazer coisas diferentes) a criança pode escolher o mais difícil, se os obstáculos não lhe parecerem intransponíveis.

Se pensar bem, verá que os adultos não são assim tão diferentes.

Convém, no entanto, não esquecer o seguinte: a melhor forma para nós não o será, provavelmente, para outra pessoa. Por exemplo, para si pode ser muito fácil conduzir um automóvel e, portanto, se tiver de fazer uma deslocação, fá-la-á, provavelmente, com recurso a esse meio de transporte, guiado por si. Mas, nem todas as pessoas sabem conduzir...

Muitas vezes, nas empresas, os trabalhos não apresentam desafios. As partes mais aliciantes ficam para os chefes que delegam o mais aborrecido para os colaboradores. Não admira, pois, que a vontade de fazer coisas aborrecidas não seja muita.

À medida que surge no indivíduo uma capacidade para compreender o mundo, todo o nosso desejo se vira para a participação nos acontecimentos, para a compreensão dos seus processos. Não basta saber que a campainha faz barulho! Queremos saber porquê, para quê e queremos ser nós a tocar...

Não admira que tantas pessoas não se identifiquem com a empresa onde estão, nem com o trabalho que fazem. Na generalidade das grandes empresas, as pessoas não conhecem a estrutura da sua organização, como são fabricados os seus produtos ou prestados os seus serviços. Não sabem sequer para que serve o seu trabalho no meio de tanta atividade. Não conhecem, muitas vezes, as repercussões, boas ou más, da sua conduta, para a *performance* global da empresa.

Será que assim se pode sentir uma finalidade na ação? Não creio. Por isso procurá-la-ão no exterior, nos seus passatempos ou, quem sabe, noutro emprego melhor que nunca desistem de encontrar.

A necessidade de realizar, compreender, participar, faz parte da nossa condição de ser humano.

As pessoas, mais do que gostar, têm necessidade de trabalhar. Não só para garantirem a existência dos meios necessários à sua subsistência mas, essencialmente, para garantirem a sua estabilidade como pessoas... seres que pensam e sentem.

A necessidade de fazer algo, de se sentir que se faz qualquer coisa de produtivo é uma constante na determinação do nosso comportamento. Não creio que exista alguém que leia estas linhas e que nunca se tenha preocupado com obter sucesso na vida, melhorar... ou seja, responder mais adequadamente ao ambiente. Isto desafia as pessoas que tudo farão para o conseguir, dentro dos limites do que consideram possível para satisfazer essas aspirações.

Quando nos julgamos capazes de atingir os nossos objetivos, todos os esforços deixam de ser sentidos como sofrimento, mas antes enfrentados com determinação e abnegação. Mas se a pessoa sente que trabalha e não progride ou não conhece os seus progressos, então dá todos os esforços como mal-empregues e penosos. Algo a evitar!

Basicamente todos aspiramos à felicidade e felicidade pode ser definida como querer aquilo que se consegue. E numa organização, as pessoas bem sucedidas são aquelas que conseguem o que querem. Logo, estando tudo bem alinhado, pessoas de sucesso serão pessoas felizes.

Quantas são as pessoas nas empresas que se sentem completamente estagnadas? Quantas são as que não têm objetivos definidos, que não sabem o que delas se espera, que andam ao sabor dos desejos dos chefes que, diga-se de passagem, estão, normalmente, convencidos que os seus colaboradores sabem exatamente o que fazer e como fazê-lo?

Penso que é um fato que, quando as pessoas detestam o que fazem, quando a sua atividade não satisfaz minimamente as suas necessidades, quando não encontram finalidade para o seu esforço, só o fazem se a isso forem obrigadas.

O ditado «patrão fora, dia santo na loja», deve ter sido inventado por um conjunto de funcionários frustrados.

Parece-me claro que se as pessoas não tiverem uma orientação interna para o seu trabalho, só à custa de controlos com as implícitas ameaças de punição é que elas desempenharão bem as suas funções. Pois é, isto quase pode parecer que estamos a refletir sobre como pôr prisioneiros a trabalhar, mas não é. É sobre pessoas livres que falamos. Livres, mas dependentes o suficiente para se adaptarem e aceitarem os mais absurdos tipos de chefia, sem nenhuma imaginação para tornarem o trabalho um desafio. Lá imaginação têm, mas é para implementar controlos rigorosos.

Se virmos a bibliografia sobre gestão, são mais as obras que se debruçam sobre como controlar do que como conseguir elevados desempenhos. Porquê? Boa pergunta.

Se calhar é porque é mais fácil controlar...

Não pretendo, com isto, menosprezar o controlo enquanto função de gestão. Antes pretendo transmitir que controlar não deve ser sinónimo de policiar. Porque se for, ao contrário de permitir obter melhores resultados, produz, normalmente, piores.

Mas tendo posto como regra que o comportamento humano, em média, é equilibrado e resultado de uma infância e juventude bem-sucedida e que a generalidade das afirmações que fiz se aplica ao tal ser humano médio, claro está que existem pessoas que, fruto da sua estrutura e evolução pessoal podem evidenciar traços de personalidade "disfuncionais" e, como tal a forma de lidar com eles deve ser "adaptada". Como o leitor sabe, muitos dos comportamentos menos adequados que alguns de nós apresentamos tem a ver com recalcamentos, frustrações e formas defensivas de encarar a realidade. Enquanto pessoas ditas emocionalmente e psicologicamente saudáveis apresentam comportamentos relativamente previsíveis e dentro de padrões adaptados a um relacionamento interpessoal normal, pessoas com histórias de vida complicadas ou com comportamentos disfuncionais interiorizados podem apresentar um verdadeiro desafio para o líder. Como exemplos podemos encontrar o sabotador, que é a pessoa que nunca abertamente diz que não mas que não perde uma oportunidade para boicotar o trabalho dos outros e, se possível, adora apanhar os outros em falso e adora fazer grande alarido disso. Ou o coscuvilheiro que passa a vida a lançar boatos e intrigas para tirar benefício das situações. Ou ainda o desleal, que anda sempre a tentar perceber de onde "sopra o vendo" para escolher as costas em que vai espetar a faca. Claro está que, pessoas com este tipo de tendências, não podem ser geridas da mesma forma que pessoas alinhadas com comportamentos construtivos e produtivos. Mas mais do que dizer-lhe como lidar com elas, o que lhe quero transmitir é que deve ter muito cuidado quando recruta (para que estas surpresas não lhe saiam na "rifa") e quando as apanha sem ter sido por sua decisão, tente livrar-se delas o mais depressa possível.

Gerir pessoas implica canalizar as energias para objectivos produtivos e evitar consumi-la a gerir situações disfuncionais. Como gestor de pessoas, você é responsável por reconhecer e gerir as necessidades do grupo, encorajando a partilha dos objectivos por todos, criando um sentido de propósito comum, forjando uma identidade grupal e garantindo os corretos incentivos; É ainda responsável pela gestão das necessidades individuais (que exploraremos mais em profundidade no próximo capítulo) tendo para isso que conhecer o melhor possível cada um dos elementos da sua equipa, suas necessidades, valores, personalidade, competências, devendo ainda ser responsável por demonstrar compreensão, empatia e confiança relativamente a cada um e, fundamental, ser justo na forma de lidar com cada elemento da equipa; Finalmente, é responsável pela gestão do funcionamento das tarefas do grupo, onde aspetos como planeamento e organização, delegação e controlo e coaching são fundamentais. Mas será que existe um estilo certo de liderança para atingir todos estes objectivos com sucesso?

ESTILO DE LIDERANÇA E DESEMPENHO

Uma instituição norte-americana, o Institute for Social Research, deu início em 1947 a um vasto programa de investigação em várias áreas da atividade económica, com o objetivo de compreender como é que o estilo de liderança influenciava o desempenho.

Desde então, muito mais se tem feito nesse sentido: saber qual a melhor maneira de tratar com as pessoas, com a finalidade de se obter delas melhores resultados.

Os critérios utilizados para medir a eficácia da liderança foram vários: produtividade homem/hora, satisfação com o emprego, taxa de rotação de pessoal, custos, desperdícios, etc.

Como variável em estudo, encontramos dois tipos distintos de liderança que a generalidade dos investigadores designa por orientação para a tarefa e orientação para os empregados.

Por orientação para a tarefa, entende-se estilos de liderança que refletem uma preocupação elevada com os seguintes pontos:

- Estudo das tarefas e preocupação com a sua decomposição, de forma a estudar a maneira mais rápida de as realizar;
- Seleção de pessoas com as aptidões necessárias à optimização de cada uma dessas tarefas;
- Utilização de processos de controlo, como a cronometragem, para garantir que as pessoas estão a desempenhar as tarefas ao ritmo predefinido;
- Uso, sempre que possível, de incentivos financeiros associados à tarefa.

Por oposição, a liderança com orientação para o empregado fomenta um tipo de relacionamento em que existe uma maior autonomia na escolha dos métodos de trabalho e uma maior consideração pelas necessidades dos empregados, enquanto pessoas e não máquinas de uma engrenagem.

Os resultados são altamente esclarecedores. O segundo tipo, orientação para os empregados produz, manifestamente, melhores resultados do que o primeiro.

Outros estudos demonstram que, quando as pessoas são menos criticadas (punição) pelas coisas que fazem mal, e mais ajudadas a melhorarem (orientação cooperativa), tornam-se mais produtivas (Likert, 1961).

É curioso que na minha atividade profissional, tenho convivido com centenas de pessoas que, ao serem confrontadas com estes assuntos, não se admiram nada com os resultados que acabei de descrever. Mais, pensam, convictamente, que o estilo de chefia mais adequado é o democrático. Só que, como muitos deles dizem «isso dá resultado com outras pessoas, não com o tipo de pessoas que trabalham cá na organização...»

Em alguns casos, até fui testemunha de atuações por parte de alguns desses elementos, numa tentativa de «democratização» do seu estilo de chefia. Infelizmente, os resultados não foram animadores, o que ainda reforçou mais a crença sobre a existência de dois tipos de pessoas – os que querem trabalhar e são conscienciosos, e os preguiçosos que só querem ganhar o dinheiro e fazer o menos possível. Lamentavelmente, à exceção de um ou outro caso, só apanharam colaboradores do segundo tipo...

É uma realidade que uma alteração na forma de nos relacionarmos com as pessoas não produz, na maior parte dos casos, melhores resultados imediatos. Em alguns casos já observados, pode acontecer que no curto prazo a produtividade tenda mesmo a diminuir.

AS VARIÁVEIS INTERVENIENTES

Rensis Likert (1961) dá-nos uma excelente explicação para esse fato. O autor identifica um conjunto de variáveis, as variáveis intervenientes que medeiam entre o que ele chama as variáveis causais e as variáveis resultado.

Imagine uma fábrica que produz material eléctrico. Essa fábrica tem 400 trabalhadores, um parque de máquinas moderno, um esquema de organização que define quem é responsável pelo quê e um padrão de liderança que faz parte da cultura dessa organização, da sua tradição.

Chamaremos a isto variáveis causais. Aparentemente, são estes os principais elementos para que a fábrica produza recursos materiais, humanos (com as suas aspirações e habilidades) e gestão dos mesmos.

Como variáveis resultado teremos as vendas, os custos, os desperdícios, os lucros, o absentismo, a rotação de pessoal, os processos disciplinares, etc.

Onde entram aqui as variáveis intervenientes e o que são elas?

Variáveis intervenientes são algo que medeia entre variáveis causais e variáveis resultado, funcionando como fator catalisador ou inibidor destas últimas; são as atitudes das pessoas, a sua moral, as motivações, as expectativas. São os valores partilhados, em suma, a dedicação e sentimentos de pertença que as pessoas têm pelo trabalho e pela empresa. Tudo isto é fruto, em especial, do tipo de liderança a que as pessoas estão sujeitas e das políticas de gestão de recursos humanos praticadas.

Variáveis causais	Variáveis intervenientes	Variáveis resultado
– capital	– valores	– vendas
– recursos humanos	– atitudes	– custos
– estilos de liderança	– motivações	– rotação de pessoal
– etc.	– comportamentos	– produção

Conforme iremos ver mais à frente, sentimento é algo que leva tempo a formar e que, dependendo da sua intensidade, produz efeitos mais ou menos notórios.

Imagine que trabalha numa empresa que sente que não se preocupa nada consigo, que tem um trabalho muito monótono e poucas ou nenhumas possibilidades de progredir. Para mais, o seu chefe é uma pessoa autoritária e arrogante, representando tudo o que detesta na empresa.

É bastante provável que desenvolva, ao longo dos tempos, um sentimento de repulsa em relação à sua situação, fazendo o menos possível (que será correspondente ao que julga que a empresa merece, em função do que lhe dá em troca). Ou seja, desenvolve um sentimento negativo em relação à sua situação profissional, o que faz com que a possibilidade de a sua empresa lucrar com o seu potencial nunca seja uma realidade; nunca passa disso mesmo... de uma possibilidade.

Quantas e quantas pessoas não existem no mundo em situações profissionais semelhantes ao que eu descrevi?...

Infelizmente, na generalidade dos casos, só há duas saídas: ou a pessoa tem a persistência e a sorte necessária para conseguir mudar para um emprego melhor ou acomoda-se, transformando-se num ser amargurado, inseguro e, muitas vezes, gastando parte do seu salário em psiquiatras.

Quando este tipo de moral começa a ser generalizado na empresa, temos uma situação em que as variáveis intervenientes têm o efeito de inibir o resultado potencial das variáveis resultado.

Variáveis CAUSAIS → variáveis INTERVENIENTES → variáveis RESULTADO

É óbvio que o efeito negativo das variáveis intervenientes pode ser, de alguma forma, contrariado. Utilizando a pressão, um estilo de chefia em que se anda constantemente em cima dos colaboradores, enfim, o estilo de chefia caracterizado pela síndrome do «Ah! Eles são isso?... Então já vão ver com quem estão metidos».

Quanto mais pressão, mais se deterioram as variáveis intervenientes, mais pressão se torna necessário utilizar, para que se consigam obter os mesmos resultados.

Nessa altura, as pessoas começam a procurar outros empregos (com os custos inerentes ao recrutamento e à preparação de novos elementos), a boicotar passiva ou ativamente, etc.

Mas, se isto é assim tão óbvio porque é que se continuam a cometer destes erros?

Repare:

Quanto mais inadequado é o comportamento das chefias, mais se deterioram as variáveis intervenientes, e mais pressão vai sendo necessária para que os colaboradores continuem a desempenhar ao nível desejado. Quanto mais a chefia se convence que as pessoas são preguiçosas, mais os trata como irresponsáveis. E o fato é que eles se tornam mesmo preguiçosos e irresponsáveis. Se o controlo abranda, uma vez que as suas atitudes pela empresa e pela chefia são tão negativas, a produtividade tende a diminuir, tornando verdade o ditado «patrão fora, dia santo na loja". Assim, aparentemente, quanto mais controlo, maior produtividade.

Num estudo realizado por Seashore e Georgopoulos (1960), onde se relacionava a pressão que as pessoas sentiam para aumentar a produtividade e o nível real de produtividade, verificou-se que em dez departamentos onde a pressão era sentida como baixa, nove apresentavam produtividade acima da média.

Em onze departamentos onde a pressão era sentida como média, somente cinco produziam acima da média.

Em dez, onde a pressão era sentida como elevada, somente um apresentava a produtividade acima da média.

Presumo que está a pensar que se calhar o que determinava a existência de mais pressão era, exatamente, a baixa produtividade que os departamentos apresentavam.

Poderia ser, mas não me parece. Existem estudos (Likert e Willits, 1940) que mostram os efeitos de se trocarem chefias de departamentos de alta e baixa produtividade, possuidores de estilos de liderança diferentes para se observarem os resultados. O que normalmente acontece é que os chefes orientados para a tarefa (no sentido atrás descrito) tendiam a fazer baixar a produtividade do departamento para onde iam. Os outros, os orientados para o empregado, tendiam a fazê-la aumentar.

Se for uma pessoa mais virada para a tarefa e, de repente, alterar o seu padrão habitual de comportamento, o mais provável é que os seus colaboradores comecem por desconfiar das suas intenções. Eles criaram expectativas em relação a si que os faz, inclusive, ficar inseguros, se não corresponderem ao que observam no seu comportamento.

Por outro lado, se o moral for baixo, se os colaboradores sentirem uma maior «liberdade», tenderão a abusar nos primeiros tempos até que se definam as novas regras do jogo (pense no que aconteceu no período pós-revolucionário em Portugal).

Como a situação é nova para si, em especial se não tiver ajuda qualificada, os resultados começam a assustá-lo, começa a sentir que está a perder autoridade, que as pessoas estão a abusar e, aí, onde anteriormente se sentia bem, seguro, e «rei e senhor», passa a sentir-se como os seus colaboradores se sentiram durante tanto tempo... DESMOTIVADO e receoso. E pronto, é mais simples voltar ao antigo. Até porque, ao fim e ao cabo, quem teve sempre as boas ideias até foi você... se tivesse estado à espera das ideias dos seus colaboradores não teria ido longe... etc. etc. etc. (desculpas de mau pagador).

Qualquer mudança deve ser estudada. Muitas vezes, os efeitos imediatos (e não só) das mudanças podem ser exatamente o contrário daquilo que inicialmente se queria.

O homem é um animal de hábitos. Qualquer mudança, na área do comportamento, deve ser gradual e controlada, para que não produza efeitos surpresa.

Não é o mesmo mudar um chefe (por exemplo trocar um chefe autoritário por um mais participativo) do que transformar, bruscamente, um chefe autoritário em participativo. Neste segundo caso, o processo pode provocar ansiedade de ambas as partes, porque o comportamento esperado não corresponde às expectativas. No caso de ser um novo chefe, as pessoas ainda não as criaram.

Mais à frente dar-lhe-ei algumas sugestões que lhe permitem aumentar a sua eficácia em influenciar os outros.

No entanto, adianto-lhe já algo que julgo ser muito importante para a implementação de qualquer mudança que implique alteração de comportamentos.

As pessoas têm necessidade de brilhar! Brilhar para elas próprias e para os outros.

Por isso, permita-lhes que, ao mudarem, possam brilhar.

A necessidade de atingir objetivos é determinada por uma de duas orientações que as pessoas possam ter. Uma será uma orientação para o Ego, para o próprio Eu; a outra, para o ambiente, para os outros.

Na criança observam-se bem estes dois tipos de orientações. Existem crianças que, quando sentem que estão a ser observadas e que a sua atividade é susceptível de ser apreciada por quem observa, preocupam-se mais em fazer, realizar.

Para outras, pelo contrário, essa presença não as afecta. O grande prazer delas está em fazer, realizar.

Com os adultos passa-se o mesmo. De uma forma ou de outra, todos estamos orientados para fazer coisas, atingir objetivos. Se é pelo simples prazer de conseguir atingi-los ou pelo reconhecimento que isso nos pode trazer, o fato é que nos empenhamos nas coisas. Por isso, DEIXE AS PESSOAS BRILHAREM, nem que seja só para elas.

Proponha objetivos ambiciosos mas realistas, ou deixe as pessoas definirem elas mesmas esses objetivos. Ficará admirado com o que as pessoas poderão fazer, desde que sintam que existem as condições necessárias para trabalhar. Dê-lhes informações sobre o desenrolar da sua atividade e, acima de tudo, faça-as sentirem-se VENCEDORAS.

LIDERANÇA SITUACIONAL

Até aqui já concluímos que existem vários estilos possíveis de liderança e caracterizámo-los. A questão que lhe levanto agora é: será que existe um estilo que seja o melhor em todas as circunstâncias?

A resposta é NÃO. De fato, estudos mais recentes mostram que o estilo do líder deve ser adequado à situação, em particular, ao grupo e à relação entre o grupo e a tarefa.

Nesta linha de pensamento, dois autores, Paul Hersey e Kenneth Blanchard, desenvolveram uma teoria designada por teoria da liderança situacional. Para além das variáveis de comportamento que já referimos (preocupação com a tarefa ou preocupação com as pessoas), os autores introduziram uma variável relacionada com o grupo e com a tarefa. Essa variável foi designada por maturidade. Na liderança situacional, define-se a maturidade como a capacidade e a disposição das pessoas de assumirem a responsabilidade de dirigir o seu próprio comportamento. Esta variável maturidade deve ser apenas considerada em relação a uma tarefa específica a ser realizada. Quer dizer, uma pessoa ou grupo não é maduro ou imaturo num sentido total. Pode-se ser maduro numas tarefas e imaturo noutras. Por exemplo, um estudante pode ser muito imaturo a assistir às aulas (estar sempre distraído ou na galhofa) mas maduro a estudar (estudar o necessário em casa sem que tenham de chamar-lhe à atenção para isso).

De acordo com a liderança situacional, não existe um único modo de melhor influenciar as pessoas. O estilo de liderança que uma pessoa deve adoptar com indivíduos ou grupos depende do nível de maturidade das pessoas que o líder deseja influenciar, conforme a figura que se segue.

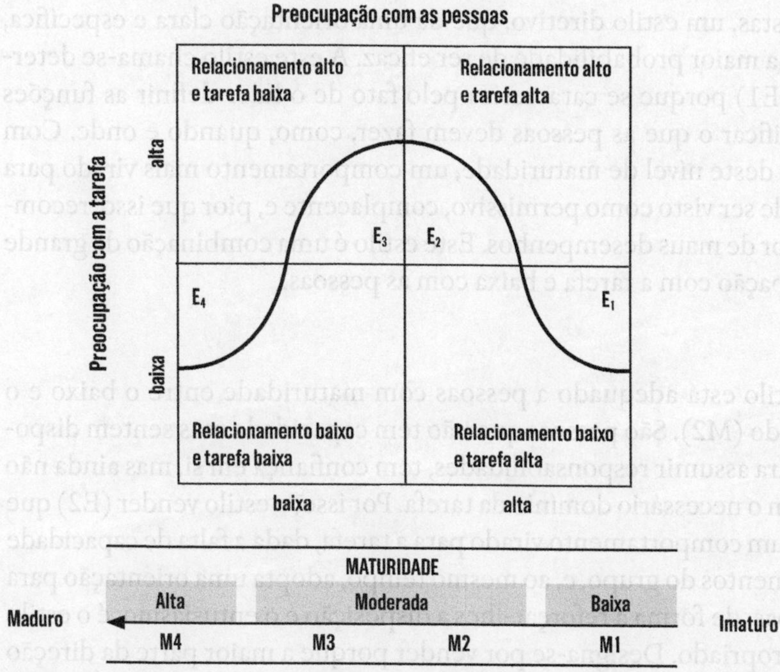

A figura acima, representa a relação entre a maturidade relativa à tarefa e os estilos de liderança próprios para serem adoptados à medida que os colaboradores passam da imaturidade para a maturidade.

Cada um dos quatros estilos de liderança (E1 – determinar, E2 – vender, E3 – participar e E4 – delegar) é uma combinação de comportamento virado para a tarefa e de comportamento virado para as pessoas.

A maturidade das pessoas é uma questão de graduação. Na figura, são indicados alguns pontos-chave, para que se possa determinar o estilo de liderança adequado. Esses pontos-chave vão desde Ml, baixa maturidade, até M4, alta maturidade.

Conforme vimos, o estilo de liderança apropriado depende do nível de maturidade do grupo. Em seguida, passo a apresentar algumas considerações sobre os vários estilos.

Estilos de liderança

Determinar

Este estilo está adequado a pessoas com maturidade baixa (M1). Estas pessoas não têm nem a vontade nem a capacidade de assumir a responsabilidade de fazer algo e não são competentes nem seguras de si. Para pessoas como estas, um estilo diretivo, que dá uma orientação clara e específica, tem uma maior probabilidade de ser eficaz. A este estilo chama-se determinar (E1) porque se caracteriza pelo fato de o líder definir as funções e especificar o que as pessoas devem fazer, como, quando e onde. Com pessoas deste nível de maturidade, um comportamento mais virado para elas pode ser visto como permissivo, complacente e, pior que isso, recompensador de maus desempenhos. Este estilo é uma combinação de grande preocupação com a tarefa e baixa com as pessoas.

Vender

Este estilo está adequado a pessoas com maturidade entre o baixo e o moderado (M2). São pessoas que não têm capacidade mas sentem disposição para assumir responsabilidades, têm confiança em si, mas ainda não possuem o necessário domínio da tarefa. Por isso, o estilo vender (E2) que adopta um comportamento virado para a tarefa, dada a falta de capacidade dos elementos do grupo, e, ao mesmo tempo, adopta uma orientação para as pessoas, de forma a reforçar-lhes a disposição e o entusiasmo, é o estilo mais apropriado. Designa-se por vender porque a maior parte da direção é, ainda, dada pelo líder. Mas, mediante explicações e comunicações bilaterais, o líder procura conseguir que os colaboradores se sintam convencidos psicologicamente a adoptarem os comportamentos desejados. Os liderados que se encontram neste nível de maturidade geralmente aceitam as decisões, quando entendem a sua razão de ser e sentem que o líder lhes oferece ajuda e direção. Este estilo é um misto de grande orientação para a tarefa e para as pessoas.

Participar

Este estilo está adequado a pessoas que tenham maturidade entre moderada e alta (M3). As pessoas deste nível de maturidade têm capacidade mas não estão dispostas a fazer o que o líder quer. A sua falta de disposição é consequência, muitas vezes, da sua falta de segurança ou confiança em si mesmas. No entanto, se foram competentes mas pouco dispostas, o seu problema principal poderá ser não a insegurança mas a falta de motivação. Seja qual for a razão, o líder necessita de comunicar (comunicação bilateral e escuta ativa) no sentido de apoiar a sua equipa a utilizar a capacidade que já possui. É um estilo participativo (E3) de apoio e não diretivo que tem maior probabilidade de ser eficaz com pessoas que se encontram neste nível de maturidade. O estilo chama-se participar porque o líder e o colaborador tomam juntos as decisões, sendo o principal papel do líder facilitar a comunicação. Este estilo envolve um grande comportamento virado para as pessoas e pouco virado para a tarefa.

Delegar

Este estilo está adequado a pessoas com maturidade elevada (M4). As pessoas neste nível de maturidade possuem quer vontade quer capacidade de assumir a responsabilidade de executar as tarefas. Um estilo discreto de delegação (E4) que dê pouca direção e pouco apoio apresenta a maior probabilidade de ser eficaz com indivíduos desse nível de maturidade. Embora possa ser ainda o líder quem identifica o problema, a responsabilidade de executar as funções cabe ao grupo que por sua conta desenvolve o projeto e decide o que, quando, onde e como fazer. O líder intervém o menos possível e deve fazê-lo, em especial, a pedido dos colaboradores. Este estilo envolve uma pequena orientação quer para as pessoas quer para a tarefa.

Do que expus até aqui, decorre que a chave para uma liderança eficaz está na correta identificação do nível de maturidade do indivíduo ou grupo que queremos influenciar, e adoptar o estilo adequado. Vejamos, agora, um pouco mais em detalhe, o que significa maturidade.

Para se analisar a maturidade, começarei, em primeiro lugar, por fazer referência ao trabalho de David C. McClelland. Segundo este autor, as pessoas dominadas pelo motivo de realização têm certas características em comum, entre as quais a capacidade de estabelecer objetivos elevados, mas atingíveis, a preocupação com a realização pessoal e não tanto com as recompensas do sucesso. O desejo de *feedback* refere-se mais à tarefa (qual tem sido o meu desempenho?) do que à atitude (será que gostam de mim?). Destas características a que mais nos interessa em termos de maturidade relativa à tarefa é a capacidade de estabelecer objetivos elevados mas atingíveis.

Em segundo lugar, existe o que se designa por maturidade técnica, que se materializa na instrução e/ou experiência relevante, uma vez que fazem parte de uma mesma realidade, ou seja, são substitutos. Pode-se obter maturidade em relação à tarefa através da instrução (formação), da experiência ou da combinação entre ambas.

Em terceiro lugar, ao falar de maturidade pretendo também veicular a importância da motivação de realização, ou seja, o querer fazer.

Em suma, a maturidade tem, assim, duas vertentes (já atrás referidas): a maturidade técnica (que é influenciada pela instrução e experiência relevante) e a maturidade psicológica, ou vontade (que é influenciada pela capacidade de determinar objetivos ambiciosos mas realizáveis e pela motivação de realização).

Em resumo, o que se pode inferir desta teoria é que não existe um estilo ideal de liderar. A liderança deve ser encarada como um fenómeno social «modelável», ou seja, susceptível de ser decomposto em várias componentes e nas relações entre elas, para poder ser controlado pelos líderes ou candidatos a líderes. A principal variável de que a escolha do comportamento adequado deve depender é a maturidade do grupo. Para além deste fator de contingência, há outro que decorre da nossa exposição: é que a maturidade não é um conceito absoluto.

Determinada pessoa ou grupo pode ser muito maduro numa tarefa e muito imaturo noutra. Assim, um bom líder deve estar atento a essa relação entre as pessoas e as tarefas e, inclusive, às diferenças entre vários elementos do mesmo grupo.

RESUMO

Neste capítulo vimos que, para o ser humano, o trabalho, mais do que um gosto, é uma necessidade, necessidade no sentido de poder proporcionar um equilíbrio psíquico fundamental a um relacionamento saudável com a sociedade em que se está inserido.

Vimos também que, embora a procura de atividade seja uma realidade, sempre que para atingir um objetivo existam duas ou mais formas de o fazer, é usual a escolha da mais económica (menos esforço, menos tempo, menos dinheiro, etc.). No entanto, se a escolha tiver que ser feita entre finalidades distintas, não é o esforço a despender que irá ponderar, maioritariamente, a decisão, mas antes o objetivo a atingir.

Abordámos como o estilo de liderança pode afectar o desempenho. Foram citados alguns estudos onde se demonstrou que o controlo apertado tinha como consequência uma produtividade mais baixa do que uma maior autonomia.

A relação entre estilo de liderança e produtividade foi explicada através do modelo de Likert, em que o autor considera três tipos de variáveis (causais, intervenientes e resultado), sendo as primeiras referentes aos fatores de produção e estilos de gestão, as segundas referentes aos valores, atitudes, motivações e comportamentos do elemento humano da organização e, finalmente, as terceiras referem-se aos resultados que a junção das duas primeiras classes de variáveis citadas produzem (vendas, custos, produção, rotação de pessoal, etc.).

Segundo Likert, as políticas e estilos de gestão influenciam as variáveis intervenientes que, por sua vez, influenciam a obtenção das variáveis resultado, catalisando-as ou inibindo-as. No entanto, não é imediato o reflexo de alterações nas variáveis causais sobre as variáveis intervenientes. Utilizar estilos de gestão autoritários pode até, numa primeira fase, elevar a produtividade.

Seguidamente, chamámos a atenção para o efeito de mudanças bruscas nos nossos modos típicos de interagir com os outros e na importância que a necessidade de BRILHAR tem para a facilitação de qualquer processo de mudança.

Finalmente, apresentámos a teoria da liderança situacional. Descrevemos a maturidade como a vontade e a capacidade de assumir responsabilidades e referimos que era composta pelos seguintes atributos: capacidade de definir objetivos ambiciosos mas realizáveis, motivação de realização e conhecimentos técnicos e/ou experiência na tarefa. Descrevemos os quatro tipos de orientação de liderança (determinar, vender, participar e delegar) e referimos a sua adequação em função do nível de maturidade do grupo. Assim, o estilo delegar era adequado para grupos de elevada maturidade, o participar para grupos de maturidade moderadamente elevada, o vender para grupos com a maturidade moderadamente baixa e, finalmente, o determinar para grupos imaturos.

SUGESTÕES

1. Procure recordar-se de pessoas que, em sua opinião, não gostem mesmo de trabalhar. Pense que tipo de atividade lhes agradaria. Pense, também, caso tivesse poderes para tal, que alteração lhes faria no seu trabalho para que o seu gosto pela tarefa aumentasse.
2. Reflita em que medida as variáveis causais provocam resultados negativos na evolução das variáveis intervenientes, no seu ambiente de trabalho.
3. Faça uma lista tão exaustiva quanto possível e medite nela. Procure identificar mudanças suscetíveis de provocar, ao invés de inibição, catálise das variáveis resultado.

Em relação ao que estiver na sua mão mudar, não hesite! MUDE.

Em relação ao que estiver relacionado com os outros, procure, cuidadosamente, abordar o assunto com eles (por exemplo, dê-lhes este capítulo a ler e, depois, troque impressões com essas pessoas).

ESTUDO DE CASO

No início do dia, Francisco Loja consulta o seu e-mail, onde figura um convite da AEDEA (Associação de Empresários para o Desenvolvimento de Amoreira) para uma intervenção sobre «Ação Comercial na Distribuição» para jovens empresários, que a Associação está a organizar. Verifica que, para a data solicitada, não possui disponibilidade para estar presente, já que tem negociações com fornecedores já agendadas.

Sabe que esta é uma Associação presidida pelo Sr. A. Pinto que, como pedido especial, consultou a S & S para esta palestra, pelo que antecipa que o Sr. Sousa, o Administrador da S & S, faria todo o gosto em acatar este pedido.

Francisco considera as suas hipóteses... A ideia de se fazer representar por um dos Gerentes de Loja da sua zona parece-lhe uma excelente alternativa, mas quem?

O Gerente de Loja de Amoreira, Francisco Peres, é dos Gerentes mais experientes. O percurso que este fez como operador de reposição dá-lhe o enquadramento que seria importante abordar, com casos vividos e experiências. Sabe que Firmino aprecia a área comercial como ninguém, tendo até que lhe recomendar que este delegue mais tarefas, já que Firmino aprecia realizar reposição, estar na placa de vendas, até atender clientes. De fato, Francisco Peres continua a ser um excelente comercial, acrescendo a essa capacidade o conhecimento que tem e a experiência. Mas reconhece também que Francisco Peres não possui experiência de intervenções em público, além de ser algo desorganizado e adverso à criação de métodos.

Já o Gerente de Loja de Fronteira, João Stock, é reconhecido por ser meticuloso, muito organizado. Aprecia os métodos de trabalho que este organizou na loja de Fronteira. Sabe que o Justino, em tempos, leccionou durante 1 ano a disciplina de Contabilidade na Escola C+S de Amoreira e por isso tem conhecimentos e experiência em falar para uma plateia, o que seria uma capacidade excelente para esta tarefa... Mas, na área comercial, tem algumas reservas sobre o Justino, tendo já ouvido o colaborador justificar que não é uma área que aprecie porque «não é fácil conseguir que o cliente compre o que queremos...» Justino tem conseguido que algumas campanhas, muito bem organizadas, tenham impacto em termos de vendas mas considera que o Gerente poderá melhorar no acompanhamento mais próximo a equipa, na Perceção do que o cliente mais valoriza, do que reclama, na recolha de informação na placa de vendas... da qual o Justino se mantém afastado, preferindo a análise dos números.

A questão é... quem escolher?

Para reflexão:

Considerando que a delegação desta tarefa – moderar uma palestra sobre ação comercial – deve ser ponderada e reconhecida pelo colaborador como uma oportunidade de representar a organização, que colaborador selecionaria?

O que considera predominante para o sucesso desta escolha: a capacidade (conhecimentos, experiência...) ou a vontade (o aceitar a tarefa como um desafio, a motivação para a realizar, o envolvimento com o tema...)?

Capítulo 4

A Relação Beta

A relação do homem com a motivação

O que é a motivação? · Necessidades primárias · O que faz com que as pessoas trabalhem mais ou menos? · Alguns princípios gerais sobre a motivação · Resumo · Sugestões · Estudo de caso

Antes de continuar, preencha o questionário que se segue:

Em primeiro lugar, da lista dos 100 fatores, **escolha os 20 principais que, em termos de ideal, gostaria que a sua função lhe proporcionasse,** fazendo uma cruz na coluna A.

				A	B
2	6	5	Serem-me delegadas tarefas, pela minha competência para as realizar.		
6	2	9	Ter seguro de saúde e outros benefícios.		
8	5	1	Serem-me atribuídas responsabilidades.		
2	6	4	Serem escolhidas ações minhas como exemplo de boas práticas.		
3	4	3	Participar em trabalhos de grupo e reuniões de partilha de boas práticas.		
3	5	3	Ter privilégios exclusivos.		
3	3	3	Saber o que os meus chefes ou colegas pensam de mim e do trabalho que executo.		
2	6	1	Receber feedback dos trabalhos que realizo.		
3	7	1	Ter uma função que se relacione com muitas áreas da empresa.		
8	8	8	Poder ter experiências novas.		

				A	B
1	5	2	Poder ser escolhido para receber um prémio ou ser distinguido pelo meu excelente desempenho.		
8	4	1	Poder conviver com os meus colegas de trabalho.		
3	6	0	Sentir que o meu trabalho contribui para os resultados da minha empresa.		
3	3	0	Poder conhecer as razões das decisões que são tomadas.		
3	1	1	Ter um trabalho que me permita fazer uma hora de almoço mais prolongada.		
3	5	0	Ter um carro de serviço à altura do meu estatuto na empresa.		
9	4	7	Envolver-me em atividades que promovam o espírito de equipa.		
8	1	9	Ter um trabalho que me permita ter tempo para descansar.		
2	2	5	Estar tranquilo sobre a estabilidade financeira da empresa.		
8	8	0	Sentir que posso ser promovido ou ter outras funções na minha empresa.		
6	8	3	Trabalhar numa empresa em expansão.		
1	1	3	Ter refeitório na empresa ou estar perto de restaurantes onde possa ter refeições económicas e de qualidade.		
4	2	2	Trabalhar naquilo que sei que faço bem.		
6	4	8	Trabalhar com pessoas com as quais eu me identifico.		
5	2	3	Ter um salário garantido e certo.		
4	1	4	Ter uma remuneração que me permita ter uma casa adequada.		
4	7	2	Ser líder.		
1	8	4	Ter acesso a novas tecnologias.		
7	1	6	Poder definir o meu próprio horário de trabalho.		
5	5	4	Sentir que os outros reconhecem a importância da minha função.		
6	1	8	Trabalhar num local de trabalho perto de casa, em que o tempo de deslocação seja curto.		
8	8	1	Ter possibilidades de evolução na carreira.		
3	7	8	Ter autoridade e poder.		
1	7	5	Sentir que posso influenciar o meu chefe e os meus colegas a acatar as minhas ideias.		
8	5	7	Sentir que os meus colegas me admiram.		
5	1	7	Ter a possibilidade de fazer pausas para comer e tomar café.		
4	2	1	Ter a minha função muito bem descrita e saber o que esperam de mim.		
4	3	1	Ter informação sobre o que me rodeia porque, para mim, é a força condutora que está por trás de tudo aquilo que eu faço.		
5	4	9	Ter um horário de trabalho flexível que me permita tempo individual para a família e amigos.		

				A	B
9	9	0	Poder ver claramente os resultados do meu trabalho.		
9	0	0	Sentir que a empresa se preocupa com o bem-estar dos colaboradores.		
1	9	1	Sentir que gosto daquilo que faço.		
3	3	4	Ter acesso a informação da empresa.		
9	7	9	Ser confidente de algumas pessoas.		
1	0	2	Sentir que a minha empresa contribui para o desenvolvimento da sociedade.		
2	9	3	Sentir que a empresa me atribui tarefas, em que o que sei e gosto é aproveitado.		
1	7	1	Poder coordenar uma equipa.		
1	4	2	Estar integrado na minha equipa.		
8	3	5	Poder resolver problemas que são completamente novos para mim.		
9	1	2	Ter um local de trabalho confortável, climatizado, com luz natural e bem localizado.		
0	9	4	Poder sentir que evoluo profissionalmente.		
9	2	4	Ter tarefas relativamente simples e bem definidas.		
0	2	8	Trabalhar em projetos com procedimentos claramente especificados.		
1	2	6	Poder planear as minhas tarefas, por forma a não ter imprevistos.		
2	1	5	Ter uma remuneração que me permita um nível de vida adequado.		
7	4	5	Poder estar presente em actividades que a minha empresa promove, como por exemplo outdoors, almoços, festas de aniversário, entre outros.		
7	3	2	Conhecer novas formas de fazer as coisas.		
1	3	8	Ter tarefas diversificadas, em que posso pesquisar informação complementar.		
8	2	7	Estar efetivo ou ter um contrato de trabalho que me permita estabilidade.		
1	9	5	Poder contribuir com ideias novas, desafiar-me a ir além.		
1	3	9	Saber os ordenados de todos os que trabalham comigo.		
8	3	7	Conhecer as avaliações dos meus colegas.		
1	0	3	Ter a sensação de estar a ser socialmente útil.		
9	0	4	Sentir que existem padrões éticos elevados na organização.		
1	9	6	Ter metas elevadas e de ultrapassar desafios.		
1	7	3	Lidar com poucos imprevistos ou ter autonomia para os resolver.		
2	5	8	Ter um título de função que corresponda à responsabilidade.		
1	9	7	Sentir que o meu trabalho desafia o meu potencial.		
1	6	3	Ter avaliações periódicas do meu desempenho.		
7	5	5	Ser-me solicitada a opinião frequentemente.		

				A	B
5	0	6	Poder ser útil a colegas.		
1	6	2	Ser mencionado publicamente (na empresa) pelo meu bom desempenho.		
9	0	5	Sentir que existe equidade na atribuição das recompensas.		
8	4	2	Ser aceite como membro do grupo de trabalho, poder partilhar ideias e pontos de vista.		
1	6	9	Haver na empresa uma política de atribuição de prémios pelos bons resultados, que me permitem diferenciar-me.		
8	0	7	Confiar que não me é pedido que faça cedências aos meus princípios éticos.		
2	0	1	Sentir que o meu trabalho me completa como pessoa.		
7	5	9	Sentir que os meus colegas me respeitam.		
9	9	2	Ter a sensação de importância, de significado do que faço, para o sucesso da empresa.		
8	8	5	Frequentar seminários, conferências e ações de formação para desenvolvimento profissional.		
8	2	0	Ter alguém que me estabeleça objectivos claros no meu trabalho.		
7	8	6	Poder testar novas ideias, formas de atuar e ser criativo.		
1	9	8	Resolver problemas complexos, situações que me põem à prova.		
1	4	0	Ter tempo para poder ter uma vida pessoal activa.		
3	0	9	Sentir que na organização as pessoas são, antes de tudo, respeitadas e valorizadas pela sua individualidade.		
1	8	7	Sentir que o meu trabalho contribui para a minha valorização pessoal.		
1	6	7	Ter variadas compensações associadas ao meu bom desempenho.		
1	8	2	Ter oportunidades de aumentar os meus conhecimentos e competências.		
8	8	9	Poderem ser-me atribuídas novas responsabilidades.		
2	1	0	Trabalhar num local arrumado, limpo e arejado.		
1	7	0	Saber que as promoções dependem do bom desempenho.		
8	3	6	Conhecer os projetos em que os meus colegas estão envolvidos.		
3	4	6	Poder participar num grupo desportivo na empresa.		
9	7	4	Ter autonomia para decidir na maior parte das minhas tarefas.		
2	6	8	Sentir que as minhas chefias estão atentas e admiram o meu trabalho.		
4	6	6	Gostar que as outras pessoas percebam o quão bom eu consigo ser no meu trabalho.		
3	7	6	Saber que tenho responsabilidade e poder de decisão para influenciar o curso dos acontecimentos.		
6	5	6	Ter poucas pessoas a quem prestar satisfações ou que controlam o meu trabalho.		
9	9	9	Poder trabalhar por prazer.		
0	0	8	Sentir amor à camisola, que pertenço à organização e à equipa.		

Após a sua escolha, volte ao início.

Considere agora apenas os 20 fatores selecionados na coluna A e ignore as restantes.

Em cada fator assinalado na Coluna A, **assinale também na Coluna B,** se considera que, **no presente, na sua função, esses fatores se encontram satisfeitos.**

Coloque no quadro que se segue os seus resultados de acordo com a chave que é indicada pelo algarismo do meio da primeira coluna do questionário. Por exemplo, se escolheu a última 0 0 8, a chave é o zero do meio. Significa assim, que no quadro abaixo marcará uma escolha na linha 0 – necessidade de ter ideais e valores. Se voltar a escolher outro 0, assinalará mais uma escolha nessa classe de necessidades. O mesmo é válido para todas as outras escolhas. O seu perfil motivacional é indicado pelo número de escolha que fez para cada tipo de necessidade.

Na segunda coluna o código é o mesmo com a diferença que só assinala dentro das que já assinalou na primeira coluna.

1	Necessidades Básicas	A										
		B										
2	Necessidades de Segurança	A										
		B										
3	Curiosidade	A										
		B										
4	Necessidades Sociais	A										
		B										
5	Necessidade de se sentir Importante	A										
		B										
6	Necessidade de Reconhecimento	A										
		B										
7	Necessidade de Poder	A										
		B										
8	Necessidade de Desenvolvimento	A										
		B										
9	Necessidade de Realização	A										
		B										
0	Necessidade de ter Ideais e Valores	A										
		B										

Considerando o Primeiro Questionário (1.ª parte), as questões que medem a sua sensibilidade à chamada relação beta, a relação do homem com a motivação, são as seguintes:

3. As pessoas são essencialmente motivadas por incentivos económicos e fazem qualquer coisa que, garantidamente, lhes aumente os proventos.
9. A generalidade das pessoas evita assumir novas responsabilidades devido à carga adicional de trabalho que isso lhes possa trazer, a não ser que seja acompanhado de um aumento salarial.
14. Se houvesse um aumento salarial significativo na minha seção/serviço/empresa, a produtividade aumentaria em conformidade.
16. Os sistemas de sugestões nas empresas normalmente falham, porque as pessoas não ganham financeiramente nada com o fato de darem sugestões.

O QUE É A MOTIVAÇÃO?

Na base de todas as condutas humanas está presente o fenómeno da motivação. A motivação é o que despoleta o comportamento; é a «mola» disparadora da ação. Na base do fenómeno motivacional está um estado de tensão fisiológico e psicológico derivado da existência de uma necessidade.

Se sentimos fome, é esse estado que irá determinar o nosso comportamento, até ao momento de deixarmos de a ter. Se estamos com necessidade de conviver, tudo faremos para nos encontrarmos com alguém, ou simplesmente telefonarmos. Se gostamos de desafios intelectuais, provavelmente procuraremos um parceiro (humano ou informático) para jogar xadrez, ou fazemos palavras cruzadas. Se gostamos que as pessoas nos apreciem, tudo faremos para que reparem nos nossos «feitos» na esperança de sermos brindados com o seu elogio.

Para existir motivação tem de existir um estado de tensão no nosso organismo, que é provocado por uma necessidade. Existindo essa necessidade, a energia será toda dirigida para a sua redução ou satisfação.

NECESSIDADE → TENSÃO → IMPULSO → AÇÃO

Exemplo: Necessidade de reconhecimento.

FALTA DE RECONHECIMENTO → GERA TENSÃO
A criança que sente que não lhe estão a dar atenção, fica tensa.

TENSÃO → IMPULSO PARA A AÇÃO

A criança procura fazer coisas que atraiam a atenção sobre ela e que costumem ser apreciadas... faz gracinhas.

Alguém olha para a criança, ri-se, faz-lhe uns miminhos e **REDUÇÃO DA TENSÃO.** Necessidade temporariamente satisfeita. O seu comportamento passará a ser dominado por outras necessidades, curiosidade, por exemplo, se lhe dermos algo para a mão para brincar.

Existem várias teorias que procuram identificar as necessidades, ou tipos de necessidades que o ser humano tem. Uma sistematização possível é a que se segue.

Necessidades primárias ou básicas
O comer, o dormir, a atividade sexual, etc. Sobre estas necessidades pouco há a dizer, para além de que são o nível mais básico de necessidades. São comuns a todos os animais, variando, somente, a forma da sua satisfação. Até mesmo entre os homens, a satisfação destas necessidades origina comportamentos diversos.

Nem todos os homens quando têm fome a satisfazem com os mesmos alimentos.

As formas de satisfação destas necessidades são, maioritariamente, determinadas pela cultura onde o indivíduo está inserido.

Em geral, estas necessidades são mais importantes como fonte de desmotivação quando não satisfeitas. Podem causar desconforto, irritabilidade, pelo que o Líder deve estar atento à importância que estas têm para o seu colaborador, garantindo as condições para que este as satisfaça. A preocupação com o poder dormir, comer ou necessitar que a sua remuneração seja satisfatória são necessidades valorizadas pelo colaborador e a ter em conta, marcado igualmente pela fase de vida em que o colaborador se encontra. O início de vida traz mais importância a estas necessidades e a evolução de carreira faz com que estas percam a importância para a motivação do colaborador (são importantes mantê-las satisfeitas, mas não o movem).

Necessidade de segurança

Este tipo de necessidade manifesta-se a dois níveis: físico e psicológico.

O garantir que as necessidades fisiológicas irão estar satisfeitas de uma forma mais ou menos permanente, a garantia de que haverá um tecto debaixo do qual se pode dormir, saber que existem posses para cuidar dos filhos, enfim, ter confiança de que num futuro próximo não irão faltar as condições mínimas para preservar o padrão de vida a que se está habituado. Este é um tipo de necessidade que muitos empregadores tão habilmente manipulam, através da celebração de contratos a termo ou de vínculos mais precários.

Enquanto as pessoas não têm garantia real de emprego, esforçam-se o mais possível para que o seu desempenho seja bom, para garantir que os seus contratos irão sendo sucessivamente renovados. Isto, independentemente do trabalho ser ou não interessante, apresentar ou não desafios.

Atingido o objetivo, ficar efetivo, toda a energia decresce, isto é, uma vez satisfeita a necessidade, deixa de existir esse forte impulso para a ação. Se o emprego não apresentar características que possam interessar ou motivar o empregado, então, será muito provável que o desempenho se fixe em padrões muito aquém do desejável.

A segurança psicológica prende-se com a certeza que necessitamos de ter de que não iremos ser vítimas de tratamentos arbitrários por parte dos outros; de que dominamos, minimamente, o meio em que vivemos, de forma a reduzir a incerteza do que vai acontecer de seguida.

A segurança psicológica dificilmente pode ser utilizada para aumentar o desempenho. O que por vezes acontece, é que ela é um inibidor do bom desempenho.

Se as pessoas sentirem que não existe justiça no julgamento da sua contribuição, isso, provavelmente, fará com que se sintam frustradas, irritadas, e que percam mais tempo a pensar nisso e a dizer mal, do que a trabalhar.

Mais, se a insegurança for muito grande, ao ponto de as pessoas não saberem, de todo, os critérios considerados «bons» para servirem de orientação à sua conduta («preso por ter cão e preso por não ter») pode-se gerar um estado de ansiedade tal, que a pessoa fique inibida de apresentar comportamentos, ditos, normais.

Infelizmente, muitas pessoas apresentam uma certa inconstância no seu comportamento com os outros, o que provoca um grande mal-estar.

É, por vezes, o pai que está mal disposto e repreende o filho por fazer algo que, normalmente, não repreenderia; é o chefe que dá uma reprimenda com uma dimensão inadequada a um colaborador seu porque vem irritado de casa, etc.

Este tipo de situações provoca insegurança e deteriora o relacionamento entre as pessoas.

Por experiências do passado, por circunstâncias presentes ou por o colaborador se sentir apreensivo com o ambiente, com a sua condição laboral (contratual), o líder deverá estar atento ao valor que o colaborador dá a estas necessidades, já que, como as necessidades básicas, só desmotivam se não satisfeitas. Perante uma situação de frustração, cabe ao líder fornecer o conforto necessário ao colaborador (dentro do seu poder e autonomia) fornecendo as garantias mínimas a nível da saúde, contrato, estabilidade financeira (ordenado certo) que permitam ao colaborador tranquilizar-se e dar o seu melhor. Também a questão da previsibilidade do que esperar no relacionamento com a organização e com as chefias, tem um papel determinante. Embora nem todos liemos da mesma forma com o inesperado, há limites, mesmo para os que melhor com isso lidam, a partir dos quais se pode gerar disfuncionalidade.

Curiosidade

Quantas vezes não somos atraídos pelo exótico, pelo inabitual, pelo desconhecido. Saber mais só por «curiosidade» pode, em certas alturas, condicionar o nosso comportamento. Pode-se englobar aqui, também, a necessidade que as pessoas têm de ter tarefas variadas, fazer coisas novas, variar, portanto.

A curiosidade é algo que nos acompanha desde crianças. À medida que vamos crescendo, a curiosidade deixa de ser tão intensa na determinação dos nossos comportamentos, uma vez que vamos conhecendo muito mais coisas e explicações. Também é preciso notar que nem todas as pessoas têm curiosidade sobre os mesmos assuntos, mas penso que podemos dizer, sem grande risco de contestação, que esta necessidade nos motiva a todos.

Esta necessidade deve merecer do líder a atenção para propor ao colaborador tarefas que lhe permitam pesquisar, deter informação e conhecer mais, da realidade que o rodeia. Uma vez que um colaborador que valoriza esta necessidade em geral aprecia saber "os porquês", dar-lhe informação é uma forma de preencher essa necessidade.

Necessidade de amor, amizade e convívio

Quem não gosta de ter amigos, de ser visto, pelo menos por algumas pessoas (aquelas cuja opinião é significativa para nós), como alguém que é «camarada», com quem se gosta de estar? De conviver só pelo prazer de uma amena conversa ou de uma anedota «maliciosa» contada com ar cúmplice?

A amizade é um dos bens mais preciosos que uma pessoa pode ter, embora muitos de nós a desperdicemos sem dar conta do que estamos a perder. O ser humano é gregário, ou seja, tem tendência a juntar-se com outras pessoas. É através dos outros que o ser humano se realiza como pessoa. Normalmente, juntamo-nos com pessoas que tenham algo em comum connosco (gostos, atitudes), que nos complementem em termos de satisfação de necessidades.

Para haver amizade tem de existir um contato pessoal repetido. Logo, a proximidade é algo que propicia a existência de amizades.

Em termos organizacionais, a amizade pode ser explorada para aumentos de eficácia e eficiência das pessoas. É frequente, como consultor, constatar situações em que pessoas, em empresas grandes, não se conhecem entre si senão por telefone. É curioso verificar que a disponibilidade para ajudar mais prontamente os colegas aumenta com o conhecimento pessoal que se tem deles. Isto é, pessoas que anteriormente só se conheciam por telefone, após serem apresentadas e terem tido algum convívio, confessam que a sua vontade de cooperar aumentou.

Quando um colaborador pontue alto em necessidade de afiliação e afectividade, é importante que o líder, permita que este se envolva em tarefas de grupo, equipas e projetos (mais do que trabalhar sozinho), permitindo-lhe poder partilhar ideias e pontos de vista. A participação em eventos sociais da organização é também, particularmente, importante para estas pessoas. Considere, também, que a frustração desta necessidade pode igualmente envolver o tempo disponibilizado para que o colaborador possa exercer esta necessidade na sua vida pessoal – família, amigos.

Necessidade de nos sentirmos importantes

Todos nós, em graus diferentes, gostamos de nos sentir importantes. Para tal, muitas vezes, basta a atenção de alguém que nós consideramos significativo para nós. Penso que concordará com a afirmação de que a indiferença de alguém em relação à nossa pessoa, pode ser mais incomodativa do que um reparo desagradável.

Quantos casos de doentes não cita a psicologia, em que a verdadeira causa de uma doença é um enorme desejo de atenção? Muitas vezes, essas pessoas estão, inconscientemente, convencidas que desta forma alguém tem de cuidar delas, de lhes dispensar atenção, alguém cuja ausência as levou ao estado físico degradado.

Dar atenção aos outros, em especial quando estão numa posição hierárquica inferior à nossa, pode ser um importante fator de motivação.

Quando se fala em decisões participadas e na sua maior eficácia é, não só porque «duas cabeças pensam melhor do que uma", mas também porque as pessoas se sentem importantes quando lhes pedem a opinião, e isso é meio caminho andado para que até uma má decisão possa ser implementada com sucesso.

Para além da atenção, também o fato de usufruirmos de determinadas regalias que nem todas as pessoas têm, nos faz sentir importantes. Todos conhecemos aquela pessoa que gasta uns milhares de euros num automóvel só para dar nas vistas, para ter um carro melhor que o do vizinho.

Muitas empresas «manipulam» bem este tipo de necessidades, pondo uma placa com o nome e o cargo à porta do gabinete (em especial se na designação da função entrarem as designações «Diretor de» ou «Chefe de»), determinando automóveis diferentes para cargos diferentes, mobilando os gabinetes conforme a posição da pessoa na empresa, etc.

Recordo-me de um problema que existiu em determinada empresa, onde os diretores tinham um lugar no parque de estacionamento, lugar esse que era privado e identificado com uma placa com o respectivo nome. Não que faltassem lugares. Esta era uma forma dos diretores se sentirem mais importantes. Até tinham lugar cativo...

Certo dia, um dos diretores ao chegar à empresa, viu que alguém tinha estacionado uma viatura no SEU lugar. Imaginem, com tantos lugares livres e foram invadir o que era SEU. Pensam que esse diretor estacionou noutro lugar? Nem pensar. Não descansou enquanto não descobriu quem tinha sido a pessoa que tinha feito aquela "afronta".

Outro sintoma de que as empresas estão atentas a estas necessidades tem sido o «embelezamento» que sistematicamente se faz dos nomes das funções. O que antigamente era designado por caixeiro ou pracista, evoluiu para técnico ou consultor comercial, passando por vendedor, delegado comercial, promotor de vendas, etc.

Como deve calcular, é mais «fino» ser consultor comercial do que pracista. Imagine o que seria se a sua mulher dissesse às amigas que o marido era pracista... Ainda julgavam que ele andava a vender na praça da Ribeira... Agora, consultor comercial... Isso sim! É IMPORTANTE.

Outro exemplo, mais recente, é a passagem dos bagageiros a técnicos de rampa.

Estamos na época em que é importante ser TÉCNICO ou CONSULTOR.

E você? Não gosta que, quando entra num restaurante ou noutro local onde habitualmente vai, as pessoas o tratem pelo seu nome (ou título académico)? Qual é um dos sons para o qual está normalmente mais atento e disponível? Não é o seu nome? Tudo isto tem a ver com a necessidade de se sentir importante, único.

Por certo que existe o altruísmo. Mas quantas pessoas no mundo não contribuem para causas populares para com isso verem o seu prestígio aumentado? Não é «pecado». É mesmo assim. Imagine o que seria o mundo sem pessoas com este tipo de necessidades. Por certo, a solidariedade social seria quantitativamente mais fraca e estaríamos a braços com uma crise mundial de falta de políticos.

Esta necessidade (puramente humana) justificará muitas ações, algumas delas até de chamada de atenção sobre si próprio, considerada infantil ou injustificada. No entanto, o status, uma imagem de importância, conseguida com benefícios como viatura da empresa, uma designação de cargo ou um espaço de trabalho com destaque serão apreciados. O reconhecimento vindo de colegas, a necessidade de se sentir apreciado e admirado pelos que o rodeiam poderá receber do líder a escolha de ações como solicitar a opinião deste, delegar-lhe a possibilidade de integrar ou ensinar novos colaboradores, solicitar-lhe uma apresentação numa reunião ou outras que lhe deem a importância e admiração dos outros que este tanto valoriza.

Necessidade de reconhecimento

O ser humano gosta de marcar o mundo, de deixar um traço da sua passagem e ser lembrado por tal.

Embora adequado à capacidade de intervenção social e organizacional de cada um de nós, todos gostamos, em maior ou menor grau, que os outros apreciem o que nós consideramos que foi um bom trabalho ou uma boa ação.

Muitas das nossas tristezas e amarguras vêm, exatamente, da falta de reconhecimento de que nos achamos vítimas. Se, em alguns casos, pode haver uma razão objetiva para que a mágoa exista (quando fazemos algo cujos resultados são «objetivamente» bons mas ninguém o reconhece), na maioria dos casos, essa frustração tem como base um juízo muito subjetivo, que é reconhecido por afirmações como: «Bom, não está perfeito mas esforcei-me muito... deviam reconhecer esse esforço», ou ainda «Para mim, assim é que está correto».

Isto acontece quando as pessoas no seu ambiente social e organizacional não conhecem bem os critérios de valorização das condutas individuais ou, por outras palavras, não existem objetivos bem definidos, nem regras e valores que definam o que é «bom» e o que é «mau».

Tenho perguntado a muitas pessoas se sabem o que delas se espera na empresa, se têm consciência do que devem fazer para o seu desempenho melhorar. Em geral, a resposta é NÃO. E, quando julgam que sabem, os seus chefes têm, muitas vezes, ideias discordantes das suas.

Sabe qual a desculpa que mais tenho ouvido para que isto seja assim? FALTA DE TEMPO. Imagine, as pessoas não têm tempo para falar umas com as outras, não têm tempo para definirem objetivos, não têm tempo para elogiarem o trabalho bem feito, não têm tempo para explicar aos seus colaboradores o que é que podiam fazer para melhorar o seu desempenho. Porquê? Porque passam o tempo a «apagar fogos», a resolver as coisas que eles fizeram mal, a dar reprimendas aos colaboradores, e a pensar no porquê de as pessoas não se esforçarem mais um bocadinho.

É o que eu chamo o chefe «ASPIRINA». Dói-lhe o estômago e toma uma aspirina para aliviar a dor. Esquece-se, porém, que tem uma úlcera e que a aspirina só piora o seu estado.

O reconhecimento é uma das necessidades que melhor pode ser explorada nas empresas mas, também, uma das mais suscetíveis de provocar mal-estar.

É fundamental que o reconhecimento seja justo. Um chefe que reconheça diferentemente iguais méritos, provoca pior efeito do que se não reconhecesse nenhum. Como ultrapassar este perigo? Fácil! Defina objetivos claros. Ou seja, quantifique e temporize os objetivos. Os objetivos têm que ser mensuráveis. Discuta com as pessoas o que pensa delas e como está o seu posicionamento em relação aos objetivos. Não dê prémios (elogios ou dinheiro) a ninguém cujo merecimento não seja objetivo. Não deve ser o esforço que se premeia, mas sim o desempenho. O esforço é subjetivo; o desempenho (atingir resultados) é objetivo.

Especialmente ligada à função de liderança, alguns colaboradores esperam a aprovação da sua chefia para se sentirem realizados. Tratando-se de uma questão de equidade (retorno justo para quem, objetivamente, se diferencia em comparação com os colegas) o fato é que um colaborador com necessidades de reconhecimento terá comportamentos centrados em si. Cabe-lhe, como líder, corresponder, dentro do razoável (e justo) a esta expectativa, tendo a preocupação de delegar tarefas de responsabilidade, salientando a sua competência, elogiando esforço e resultados e correspondendo com recompensas. Um colaborador que valoriza o reconhecimento move-se por feedback positivo ao que faz, necessitando de sentir que o esforço e dedicação são compensatórios.

Necessidade de poder

Sentir que se controlam os acontecimentos e as outras pessoas é extremamente importante para certos indivíduos. Muitas vezes não é necessário o exercício do poder propriamente dito. Apenas a ilusão de que podemos controlar os acontecimentos.

No livro de Peters e Waterman, *Na Senda da Excelência*, vem relatada uma experiência muito curiosa que me parece paradigmática desta necessidade, ou seja, a necessidade de ter poder (não implicando o seu exercício).

A um grupo de sujeitos foi pedido que resolvessem paciências e corrigissem charadas. Montou-se um cenário onde havia um ruído de fundo, composto por ruídos de máquinas de escritório, pessoas a falar em vários idiomas, ruídos de rua, etc. Esse grupo foi dividido em dois, com tarefas idênticas, sendo dado a um deles um interruptor, que poderiam utilizar para terminar com o barulho de fundo. O grupo que tinha o interruptor fez cinco vezes mais paciências e errou significativamente menos na prova de correção do que o outro grupo. Mas o curioso é que ninguém utilizou o interruptor para desligar o barulho. Os experimentadores concluíram que o simples fato de as pessoas saberem que poderiam servir-se desse comando foi responsável pela diferença observada.

Nesta necessidade englobo a necessidade de autonomia, ou seja, ser dono e senhor do nosso próprio destino.

Este é um tipo de necessidade que vai aparecendo à medida que vamos crescendo. Se é verdade que em crianças precisamos e gostamos da proteção dos nossos pais ou educadores, também o é que, à medida que crescemos, vamos querendo cada vez mais tomar as nossas próprias decisões, aprender à custa do nossos próprios erros, enfim, sermos independentes. É normal... Significa MATURIDADE.

Desta necessidade decorre a importância de um tipo de metodologia de gestão que comummente designamos por PARTICIPAÇÃO.

Atenção: não se trata de pedir opiniões às outras pessoas. Trata-se, antes, de lhes dar a entender que as suas opiniões *podem* ser importantes para o desenrolar dos acontecimentos futuros. Faço esta ressalva porque, na minha vida de consultor, tenho deparado com muitas pessoas nas organizações que me fazem confidências do estilo: «Ele lá perguntar a opinião pergunta. Mas fazer, isso só faz o que quer» ou, pior, «ele deve julgar que nós somos todos parvos... vem-nos perguntar a opinião para poder dizer que é muito «democrático», para ter uma defesa no caso de alguma coisa correr mal. Pois porque, quando assim é, já não é a primeira vez que diz que nos consultou, que nós não dissemos nada em contrário, etc. Mas lá QUERER saber o que nós pensamos na realidade, isso nunca quer... especialmente quando a nossa opinião é discordante».

Quando isto acontece, nem o fato de teoricamente nos podermos sentir importantes por termos sido consultados funciona. O processo deve ser conduzido de tal forma que se demonstre que uma decisão pode, na realidade, ser alterada, se as pessoas tiverem melhor alternativa. Caso isso não aconteça, todos se sentirão manipulados, o que torna o processo altamente prejudicial para todos os envolvidos.

Tratando-se de uma necessidade de controlo, para um colaborador que dá destaque a esta necessidade, o líder deverá corresponder delegando dentro dos limites da sua maturidade, e atribuir-lhe, sempre que possível, a autoria dos acontecimentos. Também, quanto maior o número de pessoas que gere, ou importância e alcance das suas decisões, maior a satisfação para quem possui este necessidade acentuada.

Necessidade de realização

Esta necessidade é responsável pelo comportamento que nos impulsiona a enfrentar desafios, a pôr a nossa perícia e habilidade em ação, a realizar pelo simples prazer de conseguir.

Quantas horas não passei eu, nos meus tempos de «aprendiz» de informática, de volta de um problema de difícil solução? Era frequente esquecer-me até de almoçar ou jantar de tão envolvido que estava. Porquê? Simplesmente porque queria provar a mim próprio que era capaz.

Para que desta necessidade resultem benefícios reais para a empresa, é necessário ter em conta que qualquer situação susceptível de ser encarada como motivadora à luz desta necessidade, tem de produzir no sujeito a crença de que o sucesso depende só dele (ou que pelo menos está nas mãos dele]. Por outras palavras, ele terá de estar consciente de que possui os meios necessários para «saciar» a sua necessidade de realização.

A satisfação desta necessidade pode passar por se entrar em estado de fluxo. Este estado acontece quando estamos absolutamente absorvidos por uma atividade. Essa atividade pode ser algo de tão simples como estar a ver um filme ou a ler um livro ou, como atrás referi o meu exemplo de resolução de problemas informáticos ou mesmo qualquer desafio físico. Seja qual for a atividade, decidimos realizá-la pela sua natureza, prazer de função já atrás referido, e temos um sentido claro do que estamos a fazer, ficando completamente focalizados nela. Uma pessoa em estado de fluxo pode sentir-se intensamente viva, como se essa atividade fizesse parte do seu propósito, como se estivesse destinado a fazer aquilo que está a fazer.

Desta necessidade decorre a importância de algumas metodologias de gestão como a Delegação, a Gestão por Objetivos, etc.

Em geral, os colaboradores que valorizam esta necessidade apresentam níveis de maturidade elevados. Cumpridas outras necessidades mais elementares, é na auto realização que encontram o que os move. É importante que o líder crie desafios, delegue neste colaborador (de uma forma segura), dando-lhe autonomia e independência, para que este possa sentir realizado todo o seu potencial, maximizando o uso das suas capacidades. Uma situação de frustração requer o envolvimento do colaborador e a descoberta do que este apreciaria como próximo desafio e, também, proporcionar o maior número de experiências de fluxo possível.

Necessidade de desenvolvimento

Crescer, saber mais, evoluir, ser mais competente, são conceitos que, de forma alguma, são alheios às mais íntimas e importantes aspirações do homem. Este desenvolvimento não se esgota nem no material nem no espiritual; é antes uma simbiose perfeita dessas duas realidades que constituem o ser e o viver.

Uns mais do que outros, todos somos insaciáveis. Insaciáveis de amor, de consideração, de conhecimentos, de tempos livres, de bens materiais, de justiça, enfim, de tudo aquilo que temos mas que nos julgamos no direito de aspirar a mais.

Estarmos numa organização e sentirmos que não podemos evoluir, é uma terrível frustração. Quando isto acontece, as pessoas normalmente ficam alienadas no seu trabalho e procuram, fora do emprego, utilizar todas as potencialidades que têm. O esforço para melhorar deixa de fazer sentido, pelo que se instala um clima de «deixa andar».

Recordo-me de ter realizado um seminário numa empresa, a que estavam a assistir dois elementos a um ano da reforma. A alegria que provocou neles o fato de poderem participar nesse seminário era evidente. A empresa ainda apostava neles... Dava-lhes hipóteses de se desenvolverem.

«Roubar» as expectativas de desenvolvimento a alguém é muitas vezes pior do que tirar dinheiro. É fazê-lo sentir-se limitado e inútil. Se há pessoas que têm capacidade para superar frustrações desta necessidade, outras, por certo, não a têm, o que origina que milhares e milhares dos trabalhadores do nosso país se dediquem tão pouco ao trabalho.

Esta necessidade traduz-se na vontade de crescer e evoluir. Um colaborador com esta necessidade estará disponível para aceitar novos desafios, novas tarefas que impliquem o seu crescimento. O líder deverá estar atento a esta necessidade, aproveitando a vontade do colaborador, a sua eficácia e o investimento que ele está disponível para fazer. Experiências novas, formação e informação, são formas do líder poder cumprir essa necessidade.

Necessidade de ter crenças, ideais e valores

Para a generalidade das pessoas, a razão da sua existência é um mistério. O que é que nos criou, porque é que existimos, o que é o bem, o que é o mal, etc. A religião e/ou a espiritualidade é uma das formas utilizadas para se encontrar uma razão, uma explicação para tudo o que os rodeia. Algo que dá orientações sobre quais os comportamentos adequados ou não, que justifica a felicidade e a infelicidade por si só, que, resignadamente, nos auxilia a aceitar fazer sacrifícios e enfrentar situações que de outra forma nos provocariam um maior sofrimento.

O ser humano precisa de ideais, de causas nobres e justas, de valores que orientem a sua conduta... Que permitam a razão aceitar e justificar o sentimento; que nos deem sentido e finalidade.

É o sentimento, mais do que a razão, que nos orienta na vida, na escolha dos nossos objetivos. A razão permite-nos viver o rumo traçado pelo sentimento da melhor forma possível. Da forma mais económica, mais equilibrada.

Os líderes que na História se têm revelado, todos tiveram uma grande capacidade de incutir um ideal nos seus seguidores. Os grupos precisam de objetivos comuns para que sejam verdadeiros grupos. Esses objetivos têm de ser vividos como ideais, como algo por que vale a pena lutar, como algo que é importante para todos e está para além dos «simples» números. Ser o N.º 1 do ramo, ter a MELHOR IMAGEM DE QUALIDADE, PROGRESSO PERMANENTE, são alguns exemplos do que podem ser ideais de uma empresa. Para que sejam sentidos como ideais, torna-se necessário que se crie uma certa mística em seu torno, que se criem rituais à sua volta, que se dê uma dimensão transcendente ao seu valor. Uma vez desenvolvidos e disseminados esses valores, esses ideais, é em torno deles que toda a conduta das pessoas passará a girar. É preciso darmos um significado ao seu esforço.

Pense nos milhares de organizações voluntárias que existem em todo o mundo e ficará com uma ideia do que podem valer os ideais.

Voltando ao conceito de motivação, de uma forma geral, pode dizer-se que as pessoas escolhem condutas que julguem contribuir para a satisfação das necessidades que experimentam, necessidades e condutas essas que são influenciadas por fatores físicos e psicológicos. De entre os psicológicos têm particular importância a inteligência geral e fatores específicos, as emoções, as atitudes e os interesses e, também, os valores.

É missão do líder potenciar esta necessidade, com ações que evidenciam a ética, a responsabilidade social da empresa e que sejam criadoras de um clima de confiança, de justiça, em geral valores que afectam os colaboradores. Uma situação de frustração pode demonstrar a falta de identidade do colaborador às práticas da empresa pelo que cabe ao líder perceber quais os valores que envolvem mais o colaborador e de que forma pode criar consonância entre eles. É ainda fundamental que consiga fornecer sentido às pessoas que compõem a sua organização. É a satisfação desta necessidade que proporciona o que se designa por felicidade moral.

De uma forma simplificada, o processo motivacional decorre da seguinte forma:

A existência de uma necessidade leva a considerar a realização de um comportamento. A necessidade pode ser uma ou várias das anteriormente referidas, em diferentes proporções e combinações. A escolha de qual o(s) comportamento(s) mais adequado para a(s) satisfazer e o empenho que nele(s) se põe depende, para além dos fatores já indicados:

- Da Perceção que se tem de se conseguir executá-lo. Se for uma coisa muito difícil ou depender da sorte, por exemplo, é natural que se escolha outro;
- Da certeza que se tem de que esse comportamento permite alcançar um objetivo que, por sua vez, pode satisfazer a necessidade;
- Do grau de satisfação que se antecipa com a concretização do objetivo. Caso a necessidade que está na base do processo seja grande, maior é a energia disponível para aplicar.

Mais à frente voltaremos a este tema, incluindo-o num modelo global de desempenho individual e organizacional.

O QUE FAZ COM QUE AS PESSOAS TRABALHEM MAIS OU MENOS?

Frederick Herzberg (1959, 1966), um autor e investigador americano, estudou também este problema da motivação e chegou a algumas conclusões engraçadas e inéditas.

O estudo foi feito com base no tratamento de respostas a duas perguntas base, como as que se seguem:

1. Pense numa altura em que se tenha sentido particularmente motivado na sua vida profissional. Qual a situação responsável por isso?

2. Pense numa altura em que se tenha sentido particularmente desmotivado na sua vida profissional. Qual a situação responsável por isso?

Quando as pessoas descreviam as situações responsáveis pela insatisfação, ou desmotivação, referiam-se, em especial, às seguintes:

- Mau ambiente de trabalho;
- Mau relacionamento com a chefia;
- Remuneração baixa;
- Más condições físicas de trabalho;
- Políticas de gestão com as quais não concordavam.

Quando descreviam situações em que se tinham sentido motivadas, a maioria das respostas apontava para as seguintes razões:

- Reconhecimento por superiores;
- Promoções;
- Aumento de responsabilidade;
- Possibilidade de participar na gestão;
- Ter um trabalho aliciante.

Deste estudo, Herzberg concluiu que os fatores que determinavam a motivação não eram os mesmos que determinavam a desmotivação.

Suponha o seu contributo numa situação de trabalho «neutra», ou seja, não existe nada que o ponha descontente mas também nada o faz estar muito motivado.

O seu desempenho será 100, considerando que este valor seria o de um desempenho normal, mas...

- Se o seu ambiente de trabalho se degradasse (o pusessem a trabalhar com pessoas de quem não gostava), ou
- se mudasse de chefe, e o novo fosse, em seu entender, pior, ou
- os outros fossem aumentados e o leitor não fosse, ou
- se o mudassem para um local de trabalho pouco arejado, sombrio, com temperatura pouco adequada, etc.,

...então era provável que o seu desempenho baixasse. Talvez para 80 ou 70, ou mesmo 50, conforme a gravidade da mudança.

Vamos agora imaginar que tudo se alterou, os colegas passaram ainda a ser melhores do que os anteriores, o chefe também, deram-lhe um gabinete óptimo, um bom aumento, etc. Em suma, tudo era ainda melhor do que na situação inicial.

O que é que pensa que aconteceria? Voltava aos 100? Ultrapassava?

O mais provável era voltar aos 100. Ir além disso só se fosse por pouco tempo, enquanto na memória estivesse fresca a lembrança da situação antiga.

Penso que isto terá alguma lógica. Se não, veja. Atrás, quando falámos de motivação, vimos que:

NECESSIDADE → TENSÃO → IMPULSO → AÇÃO

Para que haja um comportamento motivado tem de existir uma necessidade que provoque tensão, que por sua vez provoque um impulso que nos leva a fazer algo para satisfazer essa necessidade.

Se sentimos um estado de tensão interna provocado por...

– um chefe de quem não gostamos,
– colegas com quem nos damos mal,
– um ordenado, em nosso entender, baixo,
– más condições de trabalho,
– outros fatores que saiam do nosso controlo,

...então, ocorre um processo que se designa por FRUSTRAÇÃO.

FRUSTRAÇÃO é o estado de tensão interna acrescida que resulta da nossa incapacidade de satisfazer uma necessidade:

- não está nas nossas mãos trocarmos de chefe;
- não está nas nossas mãos trocarmos de colegas;
- não está nas nossas mãos aumentarmos o nosso ordenado (pelo menos a parte fixa);
- não está nas nossas mãos melhorarmos as condições físicas de trabalho.

Se as afirmações que fiz forem verdadeiras, então qualquer pessoa colocada perante essa situação, ficaria frustrada.

Uma coisa é certa: se o produzir mais não fosse do que a solução para resolver a situação, ninguém aumentaria a sua produtividade.

Estando frustrado, o estado de tensão interno em que ficava, o tempo que perdia a criticar e a «remoer», o pensamento de que era vítima de uma situação injusta, iria ser o responsável pela diminuição do seu rendimento.

Já para não falar no pontapé que dava no seu cão, no tabefe que dava no seu filho e no grito que dava à sua mulher (ou marido) quando chegava a casa, depois de o seu chefe lhe fazer alguma que tinha de «engolir».

Pense agora no que aconteceria se:

- o seu chefe se desse muito bem consigo;
- os seus colegas fossem óptimos;
- o ordenado, em seu entender, fosse justo;
- as condições de trabalho fossem uma maravilha.

Em primeiro lugar, estando tudo isto bem, todas as necessidades que pudessem surgir dependentes desses fatores estariam satisfeitas, por natureza. ISTO INDEPENDENTEMENTE DE TRABALHAR MELHOR OU PIOR.

Sendo assim, não havia razão para ultrapassar os 100 que, como se lembra, consideramos o nível normal de desempenho. Este valor é o nível que consideramos adequado, que fazemos sem esforço, que corresponde ao que gostamos da função, etc.

Imagine que tem um desporto qualquer que pratica. Normalmente fá-lo duas vezes por semana. Isto porque não lhe apetece fazer mais, sente que isso é o ideal. Suponha que isso é o nível 100.

Se esse desporto for ao ar livre, nos dias em que chove ou está muito frio, nem essas duas vezes lhe apetecerá ir.

Suponha que passa a ir uma vez por semana. Nível 50, portanto. A chuva e o frio, produzem o mesmo efeito que:

- um chefe de quem não gostamos;
- colegas com quem nos damos mal;
- um ordenado, em nosso entender, baixo;
- más condições de trabalho;
- outros fatores que saiam do nosso controlo.

Em suma, se o tempo melhorar o mais que acontecerá é ir duas vezes fazer desporto.

Como fazer então para querer praticar desporto mais vezes?

Eis duas possibilidades:

- Poderá descobrir outro desporto que substitua o primeiro enquanto forma de praticar exercício, só que muito mais agradável. O seu nível pode aumentar para três ou mais vezes por semana. E mais, se calhar mesmo nos dias frios e chuvosos pode ser que vá.
- Poderá, ainda, começar a tomar em atenção os seus progressos na modalidade, e o simples «gozo» de melhorar, leva-o a praticá-lo mais vezes.

Em suma, existem fatores que serão responsáveis pelo seu aumento de frequência na prática de desporto e que funcionam independentemente do ambiente (frio ou chuva) e que poderão, mesmo, fazê-lo menosprezar algum nível de adversidade das condições exteriores. Chamaremos a esses fatores, fatores de motivação.

No nosso caso são:

- uma atividade mais atrativa;
- o querer superar os seus próprios resultados.

Embora possa nunca ter pensado nisto, nestes moldes, no trabalho (que não é mais do que uma atividade, seja ela física ou mental) o processo é idêntico. Só passamos os 100 quando encontramos «motivos» para isso. E quais são?

Herzberg, fala-nos de cinco como sendo os principais:

- darem-nos mais responsabilidade;
- deixarem-nos participar nas decisões, em especial nas que envolvem a nossa função;
- reconhecerem os nossos sucessos (financeiramente ou não);
- mostrarem-nos que se trabalharmos mais, temos maiores oportunidades de carreira;
- possibilitarem-nos a realização pessoal no desempenho da nossa função.

Conforme pode observar, estes fatores estão relacionados com a satisfação de algumas das necessidades atrás enunciadas. No entanto, o que os diferencia dos anteriores é o fato de poder estar nas nossas mãos a satisfação dessas necessidades, através de um aumento da qualidade/quantidade de trabalho efectuado.

Pode não ser pelo fato de trabalhar mais e melhor que me vão pôr a trabalhar com colegas de que gosto mais ou mandarem o meu chefe embora pelo fato de não gostar dele... Mas, é mais provável (ou deverá ser) que se eu for melhor do que os outros, seja promovido mais depressa do que eles.

Em suma, no primeiro caso não está nas minhas mãos satisfazer a necessidade, no segundo, pode estar. Como? Trabalhando mais e melhor.

Esse modelo pode ser comparado ao de um corpo em movimento uniforme, cuja velocidade é sustentada por dois tipos de forças: umas que fazem aumentar a velocidade pelo aumento da potência do motor que impulsiona o corpo (fatores de motivação) e outras que impedem que o corpo se desloque mais depressa, ou seja o atrito (fatores de manutenção).

Para se aumentar a velocidade há que reduzir o atrito ao mínimo e aumentar a potência do motor ao máximo.

O que aumenta a potência do motor são os fatores de motivação. O que aumenta o atrito é a frustração dos fatores de manutenção.

Se alguns (ou todos) dos fatores de motivação nos forem mais proporcionados, o nosso desempenho ultrapassará os 100. Quanto, depende... faça a experiência com os seus colaboradores.

Conforme pode constatar, o dinheiro também entra aqui como fator de motivação. Mas atenção, o dinheiro é fator de motivação quando associado a reconhecimento, ou seja, como um prémio merecido por um bom desempenho.

Se estivermos conscientes de que fazendo melhor ou mais ganharemos mais, isso pode motivar-nos a fazer mais.

Mas, atenção. Nem sempre é assim.

1.ª Situação

Experiências feitas em várias empresas onde tradicionalmente o salário tinha uma base variável com base na produção individual, mostraram a importância de outros fatores, que não o dinheiro, no condicionamento dos níveis de produção.

O dinheiro só tinha importância até determinado ponto. O nível de produção era mais determinado pelo próprio grupo de operários, num valor que fosse já satisfatório no que respeita a salário, mas que não implicasse um grande esforço. Se alguém ultrapassava esse nível, era mal visto pelos outros, posto de parte (Mayo, 1933).

Em suma, eram mais as normas do grupo que condicionavam a produção do que propriamente o dinheiro.

2.ª Situação

Muitas empresas dão «prémios» anuais aos empregados. Esses prémios são, teoricamente, em função da qualidade do trabalho desenvolvido durante o ano.

Na maioria das empresas onde conheço a existência destes sistemas, os resultados são péssimos. Mais valia não fazer nada do que cometer autênticas barbaridades.

Critérios pouco transparentes estão na origem da maior parte dos problemas. As pessoas não entendem o motivo para o empregado A ter X de prémio e o empregado B ter Y. Isso origina que se percam dezenas de horas em comentários e que se transformem dezenas de pessoas em empregados revoltados.

Outras vezes, prémios baixos são vistos como castigos. Imaginem, castigar alguém dando-lhe dinheiro... Mas o fato é que as pessoas o sentem como castigo.

Para outras, passa a ser um hábito, ou seja, algo que faz parte da remuneração. Deixa de ser visto como um prémio.

Para utilizar o dinheiro (ou qualquer outro elemento de reconhecimento) como fator de motivação é preciso ter os seguintes cuidados:

- Utilizar critérios objetivos e de conhecimento geral;
- Premiar com a frequência suficiente para que possa ser sentido pelo sujeito como uma recompensa por algo de produtivo que fez.

Dar um prémio, um ano depois do comportamento que queremos premiar...

Nas empresas, em geral, os prémios são anuais, porque, em algumas, os valores são determinados a partir de esquemas formais de avaliação de desempenho, que têm uma frequência anual.

Noutras são anuais porque, enfim... é anual... sempre foi assim.

Voltando aos motivos que levam as pessoas a trabalhar mais e melhor, é curioso verificar que as chefias têm tendência para pensar que os seus colaboradores procuram no emprego, coisas que eles, na realidade não procuram.

Num estudo realizado por Robert Kahn (1958), pediu-se a chefias de primeira linha que indicassem quais os fatores que eles consideravam que os seus subordinados achavam mais importantes no emprego. O quererem salários elevados foi apontado em 61% dos casos como um dos três fatores mais importantes. Não ter que trabalhar muito foi também julgado por 30% das chefias como um dos primeiros três fatores de satisfação dos colaboradores.

Em suma:

- 61% das chefias julga que um dos três principais fatores que os colaboradores valorizam é salários elevados.
- 30% das chefias julga que outro dos três principais fatores que os colaboradores valorizam é trabalhar pouco.

Curiosamente, só 28% dos subordinados é que colocaram o salário elevado como uma das três coisas mais importantes num emprego. Também só 13% é que disseram que ter de trabalhar pouco estava nas três primeiras posições em termos de critérios de valorização de empregos.

Como vê, existe uma diferença significativa de opiniões. Sou levado a concordar mais com os segundos. Afinal, eles é que sabem aquilo que valorizam mais ou menos... Mais, quando esses mesmos chefes foram interrogados, responderam de forma muito semelhante à dos seus colaboradores.

Analisemos, agora de novo, as questões que medem a RELAÇÃO BETA.

É um fato que o dinheiro tem um elevado valor instrumental no que respeita, em especial, a pessoas que tenham elevadas necessidades de segurança. Pessoas novas, em início de vida e carreira, podem, por algum tempo, dar mais importância ao dinheiro do que a qualquer outra coisa. Há a casa para pagar, o carro para comprar, etc.

Mas uma vez atingido um determinado nível económico, deixa de ser o dinheiro o dominante na motivação. Aí, outras necessidades surgem como importantes, onde o dinheiro pouco poderá fazer para as satisfazer.

Imagine que haveria um aumento generalizado de salários na sua empresa. Pensa que a produtividade aumentaria? Talvez não.

Vejamos, se o aumento fosse geral, quer se trabalhasse mais ou se trabalhasse menos, o aumento vinha na mesma. A não ser que as pessoas estivessem insatisfeitas por ganharem pouco, esse aumento não iria provocar variação na produtividade.

Se, em vez de um aumento generalizado, fossem dados prémios às pessoas que tivessem ultrapassado os objetivos, aí sim, poderia existir um aumento da produtividade. Porquê? Porque para ganhar era preciso fazer mais e melhor.

Para muitas chefias é cómodo pensar assim: que é o dinheiro que produz motivação. É mais fácil porque assim têm uma forma de desculpar a sua falta de «jeito» na condução e motivação de pessoas. Não são eles que falham... Quem falha é a empresa. Isto, porque o que «eles» querem é dinheiro, e isso eles (chefes) não lhes podem dar.

Quantas e quantas vezes eu já ouvi este argumento?...

Mas é falso! Até sem ganhar ordenado há pessoas que se empenham.

Em Portugal houve uma altura em que muitas empresas tinham ordenados em atraso. No entanto, muitas das pessoas nessas condições não deixavam de estar empenhadas por isso. Reconheciam que existiam fatores que assim determinavam e, para alguns, isso era mesmo um incentivo para fazerem mais e melhor. Para quais? Para aqueles que tinham chefias capazes de os motivarem, capazes de lhes transmitirem um ideal, capazes de lhes mostrarem que o seu bom desempenho poderia ajudar a alterar o rumo das coisas.

Não sobrevalorize o dinheiro. Ele tem o seu lugar e é importante em certa medida. Mas, não é com dinheiro que se consegue excelência.

Quer excelência?

Então procure converter o trabalho dos seus colaboradores em algo de desafiante; recompense-os quando merecerem; deixe-os participar nas decisões e mostre-lhes a importância que as suas opiniões podem ter; dê-lhes mais responsabilidade. Crie IDEAIS.

É difícil, eu sei... Mas, será que se consegue alguma coisa na vida sem esforço? Sem imaginação? Sem dedicação?... Não creio! Finalmente, uma nota para as sugestões.

É um fato, que um plano de recolha de sugestões onde esteja previsto uma «recompensa» individual ou grupai, pode apresentar muito bons resultados. Aliás, a prática demonstra-o. Mas, a prática demonstra, também, que muitas empresas conseguem a excelência através do aproveitamento das sugestões dos seus colaboradores sem que existam recompensas pecuniárias explícitas.

Pense lá! Sempre que dá uma sugestão de melhoria na sua empresa está à espera que lhe «paguem» a ideia? Será que não é também para isso que lhe pagam ordenado? Pois é. Sei que responde que sim às duas questões. Então porque é que com as outras pessoas não se passa o mesmo? Talvez se passe, não acha?

Afinal, quem é que não gosta de «opinar»?

Do muito que se tem escrito e das várias teorias sobre a motivação, pode-se extrair um conjunto de princípios que podem auxiliar as chefias a melhor compreender o comportamento dos seus colaboradores.

ALGUNS PRINCÍPIOS GERAIS SOBRE A MOTIVAÇÃO

- **Ninguém produz resultados de excelência a não ser que se esforce muito.**

Todas as grandes obras são realizadas por pessoas que põem um grande empenho pessoal naquilo que fazem. Quase que se pode dizer que o nível de esforço para se alcançar a perfeição é representado por uma função logarítmica. Embora, por vezes, esse esforço possa não ser notório na altura em que se consegue o sucesso mas, por certo, existirá um grande trabalho de preparação.

- **Sendo tudo o resto constante, a facilidade com que se atingem os objetivos é diretamente proporcional à adequação entre o perfil pessoal e as características da função.**

Como atrás referi, escolher a pessoa certa para o lugar certo é fundamental para que se obtenham bons resultados. Embora o homem seja caracterizado por um elevado grau de adaptabilidade, desempenhos de excelência só serão possíveis com combinações perfeitas homem/função. Sempre que se admitir um novo colaborador será necessário definir muito bem a função, traduzir os requisitos da função em características pessoais e escolher um candidato cujo perfil seja compatível.

- **Pessoas mal dirigidas desperdiçam muita energia.**

Por mais motivadas que as pessoas possam estar, se não lhes for dada a oportunidade de fazer, fornecidos os meios adequados e comunicado claramente o que delas se espera, muita energia é desperdiçada.

- **Pessoas sem formação não produzem resultados de excelência.**

Ninguém pode fazer o que não conhece. Muitas teorias, técnicas e procedimentos têm sido desenvolvidos ao longo dos tempos. Esse conhecimento foi fruto do trabalho e da inteligência do homem e tem-se vindo a acumular ao longo da história da humanidade. Não faz sentido, apesar da inteligência do homem e do desafio que isso possa representar, descobrir o que já está descoberto. A formação é o processo pelo qual esse património cultural, técnico e científico é transmitido aos participantes organizacionais.

- **As pessoas só se esforçam porque querem.**

As pessoas só fazem as coisas bem quando e porque querem. Dizer que há pessoas preguiçosas e pessoas esforçadas é um erro (embora a natureza nos dote com mais ou menos energia). Como vimos, existem pessoas com mais e menos necessidade de realização. Mas mesmo as com menor necessidade de realização podem ser «convencidas» a esforçarem-se. Nunca parta do princípio que as pessoas se esforçam porque você quer. As escolhas são individuais e pessoais e podem recair num ponto qualquer de uma escala entre a alienação e o empenho total.

- **As pessoas só escolhem trabalhar mais quando isso for mais gratificante do que escolher o contrário.**

Quando se leva um trabalho para casa no fim de semana ou se fica até mais tarde no escritório é porque isso é mais gratificante do que não o fazer. Isto normalmente acontece quando existe uma grande coincidência entre os interesses da pessoa e a atividade que desempenha (recompensas intrínsecas) e/ou quando a pessoa espera que no final da tarefa lhe seja dado algo que ela valorize (recompensas extrínsecas). Em suma, as pessoas escolhem esforçar-se porque anteveem resultados mais positivos do que se não o fizerem.

Como conseguir bons desempenhos

«Convencer» um colaborador a esforçar-se nem sempre é fácil. Muitas vezes isso é tentado através de atitudes mais ou menos autoritárias cuja eficácia foi posta em causa por diversos estudos, como vimos.

Eis alguns passos que se podem seguir para produzir a vontade de fazer mais e melhor:

- **Criar uma atitude pró-ativa e de autoconfiança nos colaboradores.**

Muitas vezes as pessoas podem ter medo do fracasso, ou seja, receio de não conseguirem atingir os objetivos e das consequências que daí lhe possam advir, o que faz com que não se comprometam com objetivos muito ambiciosos, tornando mínimo o esforço despendido. Este comportamento pode derivar, essencialmente de duas situações: (1) falta de formação e (2) pouca autoconfiança. O primeiro problema resolve-se através de um apoio constante por parte da chefia e, necessário, a frequência de ações de formação específicas. O segundo, utilizando os seguintes princípios:

- Definir períodos de aprendizagem durante os quais se admite desempenhos menos bons;
- Ir dando sucessivamente mais autonomia às pessoas, fornecendo-lhes frequentemente *feedback* positivo;
- Encarar os fracassos em conjunto como fatores de desenvolvimento e progresso.

- **Convencer os colaboradores que o bom desempenho será recompensado.**

Viu-se anteriormente que a intensidade da motivação era influenciada pela certeza que se tem de o desempenho permitir alcançar um objetivo que, por sua vez, pode satisfazer necessidades. Quando algo permite satisfazer uma necessidade diz-se tratar-se de uma recompensa. Existem vários tipos de recompensa, cada um dos quais adequados a cada classe de necessidades. Desde promoções a aumentos salariais, passando pela oferta de viagens, passagem a efetivo ou um simples obrigado, a certeza de obter uma recompensa como consequência de um bom desempenho é fundamental. A melhor forma de convencer as pessoas disto é cumprir as promessas feitas e tornar o mais público possível a atribuição de prémios.

Muitas vezes, uma recompensa pode não estar associada a fatores exógenos à função, como atrás se referiu. São exemplo disso o dar uma maior autonomia no desempenho da função, dar tarefas mais variadas ou mais desafiantes. Sempre que a capacidade dos colaboradores o permitir não se deve hesitar em proporcionar este tipo de recompensas.

- **Ser justo na atribuição das recompensas.**

Isto é, por vezes, difícil de conseguir. No entanto, pode fazer algumas coisas para maximizar a equidade:

- Definir bem as «regras do jogo» e cumpri-las;
- Não abrir exceções aos princípios definidos;
- Recompensar desempenho e não pessoas;
- Sempre que existir a necessidade de alguma alteração deve ser explicada a sua lógica;
- Dar oportunidades iguais a todos os colaboradores;
- Dar recompensas proporcionais aos resultados.

É muito difícil que as pessoas se considerem, sem exceção, tratadas com justiça. O fato de a generalidade dos seres humanos atribuir aos seus sucessos mais fatores pessoais do que situacionais, aos sucessos dos outros mais fatores situacionais do que pessoais, aos seus fracassos mais fatores situacionais do que pessoais e aos fracassos dos outros mais fatores pessoais do que situacionais, faz com que a justiça possa ser entendida por cada um à sua maneira.

- **Identificar os sinais de frustração e ajudar a eliminá-la.**

Diz-se que existe uma frustração quando qualquer barreira não removível se intromete entre uma necessidade e a sua satisfação, como vimos atrás. Em termos profissionais, os principais fatores causadores de frustrações são a falta de meios técnicos e humanos, os orçamentos reduzidos, e a falta de formação. Quando um sujeito fica frustrado desenvolve uma tensão interna que provoca um mal-estar físico e psicológico. Para se livrar dele utiliza o que Freud designou por mecanismos de defesa. Reconhecer que um colaborador está frustrado pode passar por ter de compreender e reconhecer a utilização desses mecanismos. Os principais são os seguintes:

- Agressividade – lidar com os outros de uma forma muito combativa;
- Deslocamento – mostrar agressividade em relação a objetos inanimados ou pessoas;
- Fixação – repetição de ações ineficazes de uma forma continuada;
- Fantasia – perca de tempo com sonhos e esperança de concretização de objetivos irrealizáveis;
- Pessimismo – negativismo sistemático e irrealista;
- Resignação – desistência de lutar pelas coisas;
- Racionalização – justificações irrealistas para os fracassos;
- Projeção – atribuição aos outros da culpa dos seus fracassos.

Sempre que algum destes sinais surja, a situação deve ser analisada em conjunto pela chefia e subordinado e removidos os obstáculos existentes a uma conduta produtiva de forma a satisfazerem-se, simultaneamente, as necessidades das pessoas e os objetivos da organização.

- **Ser claro na definição das expectativas.**

E importante que as pessoas tenham plena consciência do que se espera delas. A falta de explicitação dos objetivos pode levar a que cada participante organizacional subentenda o que dele se pretende, correndo-se o risco de existir um grande desperdício de esforços. A definição das expectativas deve ser feita a dois níveis: ao nível do que se pretende como resultado final e ao nível da forma como esse resultado final deve ser atingido. Na definição dessas expectativas deve ser-se tão específico quanto possível e deve procurar-se obter acordo em relação aos objetivos e métodos. Deve ainda ficar claro que, embora o esforço seja apreciado, são os resultados concretos que são valorizados em termos de avaliação de desempenho.

RESUMO

Neste capítulo analisámos a RELAÇÃO BETA. A relação do Homem com a motivação.

Vimos o que era a motivação:
Um estado de TENSÃO, provocado por uma NECESSIDADE. Essa tensão, origina IMPULSOS que, por sua vez, originam COMPORTAMENTOS, considerados adequados à redução parcial ou completa da NECESSIDADE.

Quando algum obstáculo impede a satisfação da necessidade, diz-se que foi criado um estado de FRUSTRAÇÃO.

Agrupámos as necessidades em algumas classes:

- Fisiológicas;
- Segurança;
- Curiosidade;
- Convívio;
- Sentir-se importante;
- Reconhecimento;
- Poder;
- Realização;
- Desenvolvimento;
- Ter ideais.

Analisaremos, seguidamente, a contribuição de Herzberg para a compreensão dos princípios da motivação ao trabalho.

Herzberg constatou que havia dois tipos de fatores distintos, uns responsáveis por criar insatisfação ou a ausência dela e outros por criar motivação ou a ausência dela.

Como fatores de insatisfação, Herzberg identificou como principais:

- Relacionamento com as chefias e colegas;
- Remuneração fixa;
- Condições ambientais;
- Políticas de gestão.

Como fatores de motivação, Herzberg identificou:

- Responsabilidade;
- Participação;
- Promoções;
- Reconhecimento;
- Realização.

Em suma, Herzberg chama-nos a atenção para os efeitos que os fatores de conservação podem ter, mas diz que não é pelo fato de eles existirem que as pessoas ficam mais motivadas. Se eles não existirem as pessoas ficarão desmotivadas.

Digamos que, para Herzberg, existem três estados referenciais:

- DESMOTIVAÇÃO
- ESTADO NEUTRO
- MOTIVAÇÃO

Os fatores responsáveis pela passagem do estado de DESMOTIVAÇÃO ao ESTADO NEUTRO, não são os mesmos que os responsáveis pela passagem do ESTADO NEUTRO à MOTIVAÇÃO.

O desempenho é a resultante das forças impulsionadoras derivadas dos fatores de MOTIVAÇÃO e das forças de restrição provocadas pelas frustrações relacionadas com os fatores de MANUTENÇÃO.

No evitar dessas frustrações e no criar condições de aproveitamento dos fatores de motivação, reside o grande desafio da gestão. Permitir que as pessoas, ao atingirem os objetivos da empresa, satisfaçam as suas próprias necessidades.

Os princípios básicos a reter sobre a motivação são:

- Ninguém produz resultados de excelência a não ser que se esforce muito;
- Sendo tudo o resto constante, a facilidade com que se atingem os objetivos é diretamente proporcional à adequação entre o perfil pessoal e as características da função;
- Pessoas mal dirigidas desperdiçam muita energia; pessoas sem formação não produzem resultados de excelência; as pessoas só se esforçam porque querem;
- As pessoas só escolhem trabalhar mais quando isso for mais gratificante do que escolher o contrário.

De acordo com estes princípios, existem alguns procedimentos que se devem respeitar na gestão das pessoas:

- Criar uma atitude pró-ativa e de autoconfiança nos colaboradores;
- Convencer os colaboradores de que o bom desempenho será recompensado;
- Ser justo na atribuição das recompensas;
- Identificar os sinais de frustração e ajudar a eliminá-la;
- Ser claro na definição das expectativas.

SUGESTÕES

1. Releia o capítulo, mas nunca antes de «repousar» dois dias sobre o assunto.

2. À luz das necessidades que aqui foram referidas, análise o trabalho de cada um dos seus colaboradores, na perspectiva de saber em que medida pode satisfazê-las. Faça uma lista das alterações que julga útil efetuar.

Faça uma reunião com os seus colaboradores, e comunique-lhes a sua intenção de proceder a alterações, no sentido de possibilitar uma maior identificação das pessoas com o trabalho e aumentar a satisfação individual. Peça-lhes que formulem uma lista com alterações que julguem úteis efetuar.

Reúna-se, seguidamente, com cada um dos elementos, e compare a sua lista com a dele. Discutam as diferenças e estabeleçam as novas regras do jogo. Se alguma das alterações estiver relacionada com a função de outros colegas, não altere nada antes da realização da reunião final.

Faça uma reunião final, com o objetivo de analisar as alterações que envolvem mais do que uma pessoa no grupo. Determine, com os seus colaboradores, as novas regras do jogo e combine uma periodicidade para se reunirem, individualmente e em grupo, para fazerem o *follow up* da mudança (nunca mais de três meses nem menos de um).

ESTUDO DE CASO

Na reunião comercial realizada após a palestra em que o seu Gerente de Amoreira o representou, Francisco Sales elogia em público o desempenho de Francisco Peres nesse evento. Teve o cuidado de o enquadrar face ao que era esperado e ofereceu-se para o ajudar a organizar a apresentação, que Francisco Peres agradeceu, admitindo que «organização não é o seu ponto forte».

O colaborador revelou-se muito orgulhoso no convite e dedicou-se à apresentação para que nada falhasse, além de reconhecer que é um tema que lhe agrada particularmente.

Na reunião, o Diretor Comercial, Francisco Sales comentou o sucesso da intervenção e o esforço de Firmino em ter criado um método, para gerir os participantes e o tempo que lhe fora concedido.

A reunião concluiu-se, tendo Francisco Sales entretanto reparado que o Gerente de Loja de Fronteira, João Stock, se mantivera em silêncio a maior parte do tempo, o que lhe causou alguma estranheza porque Justino é sempre muito interventivo nas reuniões, evidenciando-se ao dar ideias de melhoria, ao propor soluções, de forma muito reflectida, por vezes trazendo documentos de apoio que passa à equipa.

Como não quer melindrar a equipa, Francisco nem sempre reconhece Justino por esse esforço. Considera que Justino é ambicioso e também não quer «incentivar o colaborador a ter expectativas demasiado elevadas... promoções, etc.... E depois, alguns colaboradores querem sempre mais...»

Nas duas reuniões mensais que se seguiram, o comportamento de João Stock era evidente: sempre calado.

Do que conhece de Justino, sabe que este aprecia controlar os resultados e o fato é que as vendas têm aumentado em Fronteira. Mas, espantosamente, o índice de quebra duplicou, houve um problema com uma encomenda de frangos recepcionada na loja, que não foi devidamente verificada e até deixou de receber os relatórios de autocontrolo que Justino lhe enviava por iniciativa própria.

Onde estava o método e o rigor a que Justino habituara a Direção, como um exemplo a seguir?

Sem conseguir enquadrar o porquê, Francisco Sales pondera se não será uma reação de boicote de Justino, pelo fato de este não ter sido escolhido para a palestra na AEDEVA... o que, a confirmar-se, seria uma atitude pouco profissional do Justino!

Para reflexão:

Qual lhe parece ser a causa da aparente «desmotivação» de João Stock? Considera que se trata de uma ação de boicote por parte de Justino?

Que necessidades, no seu entender, são «mobilizadoras» da ação/motivação de João Stock?

Face a essas necessidades, o que faria, no lugar de Francisco Sales?

Capítulo 5

A Relação Gama
A relação do homem com as realizações

O processo de realização · Resumo · Sugestões · Estudo de caso

As afirmações que medem a realização do homem com as realizações – a dimensão gama –, são as seguintes:

11. Dar demasiada confiança aos subordinados dá, normalmente, mau resultado, pois as pessoas tendem a abusar.
12. A generalidade das pessoas nas empresas não tem capacidade para conseguir definir os seus próprios objetivos e escolher as formas de os atingir.
15. A generalidade das pessoas precisa de ser controlada de perto para a qualidade do seu desempenho não diminuir.
19. A maioria das pessoas não é responsável.

Nesta relação está particularmente em causa o conceito de maturidade. Comecemos, pois, por refletir um pouco mais sobre o significado de maturidade, na sequência do que atrás referi aquando da liderança situacional.

Maturidade, é um conceito que está ligado a uma adaptação eficaz ao meio por parte do sujeito. A capacidade de definição de objetivos coerentes e realistas e escolha de condutas adequadas à realização desses objetivos, são as ideias subjacentes a este conceito.

DETERMINAÇÃO DE OBJETIVOS	⇨	ESCOLHA DE CONDUTAS	⇨	REALIZAÇÃO DOS OBJETIVOS

Um dos comentários que costumo ouvir acerca de quem é considerado como tendo maturidade acima da média é a segurança que essas pessoas apresentam em relação à vida. São pessoas que demonstram saber bem o que querem e como consegui-lo. Não necessitam de ser controladas do exterior, antes praticam o autocontrolo.

Falta de maturidade costuma estar associada ao comportamento das crianças. Uma criança, normalmente e até certa idade, não tem a consciência do futuro, das consequências que a sua conduta pode ter no dia de amanhã. Se não for controlada pelos pais, o mais certo é só fazer aquilo que lhe proporciona prazer imediato: só come o que gosta e quando lhe apetece, só se deita quando tem sono, só estuda se isso lhe agradar, mexe em tudo o que lhe apetece, etc.

Uma das razões que pode estar na origem deste tipo de comportamentos, é a falta de *consciência causal,* isto é, não existe o conhecimento por parte da criança do que pode provocar o seu comportamento e, quando existe, é mais importante o prazer de fazer «aqui e agora» do que as consequências futuras.

Vejamos o seguinte exemplo:

João tem 12 anos. Anda na escola, onde tem um aproveitamento muito fraco, apesar de ser uma criança com uma inteligência normal. Detesta estudar e só o faz quando se sente pressionado pelos pais. As únicas formas de o fazer estudar são as ameaças de castigos e prometer deixá-lo fazer coisas que o atraiam. Nesses casos, João faz os trabalhos, mas unicamente com um esforço mínimo, que lhe permita evitar os castigos e ganhar os prémios.

Quando se lhe pergunta porque é que não estuda, responde-nos que, no entender dele, já estuda demais. Que estudar é aborrecido e que prefere fazer outras coisas. Até porque João considera que estuda o suficiente.

Desta passagem ressalta, exatamente, o fator acima referido, de a criança não estar minimamente preocupada com o futuro. Somente o aqui e agora fazem sentido na sua cabeça.

O nosso comportamento é (quase) sempre equacionado em função dos seus efeitos. Sempre que pensa em fazer (ou não fazer) algo, imediatamente lhe vem à consciência os possíveis resultados da sua ação.

Se a ação que pretende executar tiver, de alguma forma, resultados negativos, isso levá-lo-á a pensar duas vezes antes de se decidir. Nessa situação, uma de duas coisas pode acontecer. Ou os argumentos contra são mais fortes, ou são-no os argumentos a favor.

Normalmente, usamos um tipo de mecanismo, chamado racionalização, para tentar «neutralizar» os efeitos negativos.

Quando um fumador ouve que o cigarro provoca o cancro acredita mas, de alguma forma, sente-se como uma exceção. Não se imagina como sujeito dessa situação e utiliza argumentos como «isso é verdade mas é para quem fuma mais do que eu» ou «eu deixo de fumar antes que isso me aconteça» ou ainda «há pessoas que fumam e que duram até aos 80 anos ou mais».

Na empresa, muitas vezes pensamos «vale a pena estar a esforçar-me? Faça bem ou mal o resultado é sempre o mesmo» ou «isto que eu faço nem é assim tão importante. Mesmo que fique um pouco mal feito, nem há assim grande problema» ou ainda «poupar nisto? Para quê? A empresa tem tanto dinheiro que não lhe faz diferença absolutamente nenhuma que se gaste mais ou menos».

Raciocínios destes dão origem a desperdícios e trabalhos mal executados que ascendem, por certo, a milhões de contos/ano.

Como evitar?

Uma das formas é tentar aumentar a consciência causal das pessoas. Mostrar-lhes como funciona a empresa, quais os reflexos do seu desempenho no desempenho global, o que faz cada um e para quê, qual o peso dos desperdícios e gastos supérfluos no resultado final, como se pode contribuir para a redução de custos, em suma, criando um sistema de informação de gestão (S.I.G.) que funcione.

Conheço muitas pessoas que não sabem qual o resultado do seu trabalho para o desempenho global da empresa. Um caso concreto verificou-se num banco, no departamento de estrangeiro. Trabalhava lá um elemento que não tinha a mais pequena ideia do que podia provocar um engano da sua parte no processamento do seu serviço. Depois de saber, passou a ter um cuidado muito maior.

Não conhecermos o contributo dos outros é também, muitas vezes, algo de muito negativo. Saber o que os outros fazem e como o fazem pode levar-nos a ter ideias de como, alterando a nossa função, podemos simplificar a dos outros.

É necessário consciencializar as pessoas que fazem parte de um sistema cujo funcionamento é muito afectado pela sua conduta. Uma organização é exatamente isso. Um sistema onde vários elementos devem trabalhar em conjugação, para que se consiga atingir um objetivo comum. A relação de cada um com esse objetivo deve ser vinculada e sobejamente conhecida. Só assim poderá haver lugar ao desenvolvimento do sentimento de pertença e à prática do autocontrolo.

Mas voltemos ao caso do João, e a pergunta que eu faço é esta: – De quem é a responsabilidade de a criança ser assim?

Em conversa com os pais do João, eles dizem não entender a quem é que ele sai, que tanto ele como a mulher eram bons alunos e que em relação ao irmão nunca tinha sido preciso «andar em cima dele» para estudar.

A mãe, em especial, dizia já ter tentado mostrar ao filho que se ele não estudasse nunca poderia ser como o pai, capaz de ganhar muito dinheiro.

A única maneira de ele estudar alguma coisa é ameaçá-lo com castigos, dizia ela. E o que funciona melhor é não o deixar ir jogar à bola, que é o que ele mais gosta.

A culpa é da maneira de ser da criança, não é? Até porque o irmão não era assim, certo?

Certo dia, os pais do João começam a constatar que o João começou a estudar com mais afinco, sem ser preciso fazer qualquer tipo de ameaças. Espantou-os até o fato de ele próprio pedir ajuda quando não conseguia fazer os trabalhos. As suas notas nesse período aumentaram, o que deixou os pais muito intrigados.

Após comentarem o fato um com o outro, decidiram ir falar com a diretora da escola, para tentar esclarecer o que se passava com o filho, qual teria sido o «milagre» operado.

Resumindo, foram informados que a escola tinha resolvido criar equipas de várias modalidades (incluindo o futebol) e havia um aproveitamento mínimo que condicionava a entrada nas equipas, e que o João tinha sido excluído na constituição da primeira equipa, devido às suas notas.

Foi remédio santo.

DETERMINAÇÃO DE OBJETIVOS	⇨	ESCOLHA DE CONDUTAS	⇨	REALIZAÇÃO DOS OBJETIVOS

João definiu um objetivo: Entrar para a equipa de futebol!

Anteriormente, João não via razão para estudar. Quando a mãe lhe falava em ser como o pai, o João até se «arrepiava». No entender do João, o pai tinha uma vida que ele não queria, nem de longe, imitar. Era raro estar em casa e, quando estava, nunca tinha tempo para a mulher e para os filhos. Ter dinheiro era, também, algo que não preocupava o João. Nunca lhe tinha faltado nada, pelo que achava que o dinheiro era uma coisa tão natural de ter como outra coisa qualquer.

Finalmente apareceu um objetivo significativo para o João. Entrar para a equipa de futebol da escola. E, afinal, não era tão difícil assim, bastava ser um aluno médio... Se os outros conseguiam ele também iria conseguir.

Curiosamente, aconteceu algo de interessante ao João: Quanto mais estudava, mais se interessava pelas matérias. Nunca se transformou num aluno «brilhante», mas começou a ter um gosto pelo estudo.

Não só conseguiu entrar para a equipa de futebol, como o seu relacionamento com os pais e professores melhorou, sem nunca ter sido considerado «marrão» pelos colegas.

Em conversas com professores, durante os anos que se seguiram, João ficou a saber que mais tarde podia estudar Educação Física, que era, nem mais nem menos, o que lhe agradava. Para isso bastava-lhe obter notas satisfatórias no liceu.

João é hoje um excelente professor de Educação Física, com uma carreira prometedora.

Quem diria quando ele tinha 12 anos...

Um dos pontos a reter desta passagem é o *significado que o objetivo e a respectiva recompensa, se o atingir, tem para a pessoa.* Se o objetivo não for minimamente interessante para o sujeito, não se pode esperar que ele se sinta empenhado em o atingir.

Como conseguir, então, tornar os objetivos significativos para as pessoas?

Nem sempre é fácil. No entanto, eis alguns pontos que deve ter em mente quando analisa este problema:

■ Os objetivos têm de ser atrativos

Conforme vimos no capítulo anterior, o que determina o nosso comportamento é a satisfação de necessidades, que podem ser várias.

Se queremos convencer alguém a fazer algo que nós pretendemos, não podemos começar por lhe falar no que é que nós ganhamos com isso... falemos-lhe antes, nas vantagens que a pessoa pode ter ao fazer o que nós queremos.

É nisto que os bons vendedores se destacam. Antes de mais procuram saber o que é que o cliente valoriza mais, como qualidades do produto ou serviço que está interessado em adquirir. Depois de o saberem, é isso que fazem sobressair. De uma forma ou outra todos somos vendedores. Quanto mais não seja, de ideias, objetivos, valores... E ao vendermos isso, temos de acreditar que o que estamos a vender é bom. Tal como um vendedor não consegue vender nada que não tenha previamente «comprado», uma chefia terá dificuldade em tornar atrativo para os seus colaboradores algo que ele próprio não esteja convencido que o é.

E o que é atrativo para as pessoas? É tudo o que satisfaça as suas necessidades.

Normalmente, as pessoas escolhem aqueles comportamentos que, em seu entender, são mais adequados à satisfação das suas necessidades.

Se determinado colaborador estiver muito interessado em ser promovido rapidamente e se acreditar que trabalhando arduamente conseguirá esse objetivo, o mais provável é que trabalhe o que julga necessário para conseguir satisfazer a sua necessidade de crescimento.

Mas atenção. Se ele pensar que as promoções são dadas arbitrariamente, independentemente do que as pessoas trabalhem, o mais certo é isso não lhe servir de «motor» para um maior desempenho.

Conforme abordámos atrás, a nossa conduta é direcionada para conseguir prazer e evitar a dor. Mas, então, que tipos de prazer poderemos ter?

Para facilitar a compreensão deste assunto, podemos dividir o prazer em duas vertentes distintas: prazer de saciedade e prazer de função, conforme a definição de Karl Buhler.

Prazer de saciedade é o efeito que sentimos quando satisfazemos uma necessidade. Por exemplo, se temos uma necessidade de realização elevada ou quando atingimos objetivos experimentamos um estado de prazer. Se temos uma necessidade grande de reconhecimento, sentimos um prazer grande quando nos elogiam, etc. Isto é prazer de saciedade.

Prazer de função está relacionado com o prazer que sentimos com a realização de determinada tarefa que não implica atingir objetivos, ou seja, o objetivo é simplesmente o mesmo que a atividade. O que queremos é fazer por fazer, dá-nos prazer. No limite é o que está associada à sensação de "fluxo" atrás referida.

Por exemplo, se gosta de pescar, é provável que aprecie simplesmente a atividade em si. Ou seja, se um dia for pescar e não apanhar peixes, se calhar até não se importa muito. Se vai ao cinema, pode simplesmente fazê-lo pelo prazer de ver o filme. O seu objetivo é, apenas, estar lá e ver o filme. O meio utilizado para satisfazer a necessidade é o objetivo em si mesmo. Se o gosto for muito, entra em "fluxo".

Se conseguir aliar os dois tipos de prazer numa função, é muito provável que o desempenho de quem a executa aumente substancialmente.

Muitas vezes, os comportamentos que escolhemos não estão diretamente relacionados com a atratividade do comportamento em si, mas antes com a crença de que ao tê-lo, conseguiremos atingir certos objetivos que, esses sim, são significativos para nós.

Se é uma pessoa que joga na lotaria ou no totoloto, fá-lo porque tem uma esperança (por mais pequena que seja) de que o prémio lhe saia, o que é um grande atrativo.

O muito que gostaria de receber o prémio juntamente com a probabilidade que julga ter de o ganhar, chegam para o «esforço» que faz para jogar (pagar e deslocar-se para jogar).

Se ficar na empresa a fazer serão para terminar um projeto a tempo, fá-lo não porque lhe dê «gozo» ficar (eventualmente), mas antes porque lhe agradam os resultados que espera obter pelo fato de terminar o projeto a tempo (realização ou reconhecimento pelos outros).

Em suma, o ser humano direciona os seus comportamentos para atingir objetivos que lhe são atrativos. Essa atratividade pode ser em relação ao próprio comportamento (fazer por prazer) ou aos resultados que possa proporcionar (recompensas que esse comportamento possa gerar).

■ As pessoas têm de estar convencidas que conseguem atingir o objetivo

Se disser a alguém que lhe dá 10 000 Euros se extrair um apêndice de uma pessoa, provavelmente isso só o/a motivará se tiver prática cirúrgica (a não ser que sem alguém sem escrúpulos). Não obstante a atratividade da recompensa, os 10 000 Euros, o fato de a pessoa considerar que é possível atingir o objetivo é fator determinante para desencadear os comportamentos adequados.

Esta condicionante é uma das razões pelas quais a imposição de objetivos às pessoas, normalmente, não funciona, dado muitas vezes serem considerados como inatingíveis.

Vejamos um exemplo:

António Correia tinha sido admitido há cerca de dois meses atrás como diretor comercial de uma empresa de materiais para a construção civil. Dado ser oriundo de outra área de atividade, Correia passou esses dois primeiros meses a estudar o mercado (clientes reais e potenciais e concorrência), com vista à preparação de uma reunião com a gerência da empresa, com o objetivo de elaborar o plano de vendas para o ano que se seguia.

Nessa reunião foram definidos, em conjunto, os valores a atingir, os quais não foram sequer polémicos.

Restava, agora, fazer algo de muito importante e decisivo para o sucesso de Correia na empresa – comunicar os objetivos à equipa de vendas.

Correia considerou que isso era um problema, uma vez que existiam uma série de fatores que poderiam perigar o sucesso dessa reunião.

Em primeiro lugar, existia uma certa animosidade contra ele, pelo fato de ter vindo do exterior. Em segundo lugar, Correia era um *outsider,* isto é, não conhecia o ramo de negócio. Em terceiro lugar, era uma pessoa muito mais nova do que a totalidade da equipa de vendas, que era constituída por pessoas de outra geração e com muita experiência adquirida no terreno. Enfim, um panorama nada tranquilizador.

No fim de semana que antecedeu a reunião, Correia passou-o no escritório a fazer estudos baseados no histórico de vendas de cada vendedor, produto, etc. O objetivo era, com a ajuda da estatística, determinar objetivos que, em seu entender, fossem realistas, para, dessa forma, poder argumentar na reunião de segunda-feira. O trabalho ficou tão bem feito que Correia elaborou uma lista que estabelecia objetivos por vendedor e linha de produto, probabilidade de serem atingidos, etc.

Chegada a segunda-feira, Correia reúne-se com a sua equipa de vendas. Após os preliminares habituais, começou-se a fazer uma análise do passado da empresa, das vendas de cada um, dos produtos existentes, etc. Seguidamente, Correia fez uma pequena apresentação do que eram os seus objetivos em termos de introdução de produtos novos (tendo o cuidado de perguntar a opinião de cada um em relação a cada produto novo) e... eis que era chegada a hora crucial, a definição dos objetivos individuais. Correia observa o seu estudo e, quando ia começar a apresentar o que esperava de cada um dos vendedores, tem subitamente uma ideia: porque não deixar os próprios vendedores defini-los?

O caso que estamos a citar é um exemplo de uma situação em que todos os intervenientes têm um conhecimento da tarefa, do mercado, enfim, das variáveis que determinam o volume de vendas a atingir. Partindo do princípio que, devido ao fato de o rendimento ser variável (em função do volume de vendas), será de esperar que eles sejam as pessoas mais bem colocadas para determinarem os objetivos a atingir.

Correia assim o fez. Guardou os seus cálculos e começou, um a um, a pedir aos seus vendedores que indicassem qual o valor que esperavam conseguir vender para o próximo ano.

Qual não foi o seu espanto quando verificou que apenas num caso o valor indicado era inferior ao que ele tinha estimado e que, na totalidade, era cerca de 40% superior ao objetivo que lhe tinha sido dado pela gerência.

Só tive dados até cerca de meados desse ano mas, até aí, tudo indicava que a previsão feita pelos vendedores iria ser atingida.

Façamos uma breve análise do caso.

Se Correia tivesse indicado as suas estimativas, embora como se tenha vindo a verificar fossem realistas, por certo ele encontraria uma certa resistência inicial. Quanto mais não fosse ele era um *outsider*, tinha determinado aqueles valores sem ter consultado ninguém, etc. As pessoas não ficariam minimamente comprometidas com os objetivos, uma vez que não os considerariam como seus. Se, por acaso, a meio do ano acontecesse algo no mercado que tornasse as vendas mais difíceis, a reação dos vendedores seria de considerar imediatamente os objetivos irrealistas, que se os tivessem consultado eles teriam alertado para esse fato (embora provavelmente não o tivessem feito), e não se sentiriam minimamente «derrotados» pelo fato de não atingirem o objetivo. Até porque, em última análise, o objetivo não era deles... Era do chefe!

O que é que Correia conseguiu agindo da forma mencionada?

Em primeiro lugar, fez com que as pessoas ficassem comprometidas com o objetivo.

Como o leitor, por certo, já teve oportunidade de constatar, é completamente diferente a nossa relação com os objetivos quando eles nos são impostos do que quando somos nós a sugeri-los. Em última análise, se não os atingirmos estamos a falhar em relação a algo definido por nós próprios, enfim, é reconhecer um pouco o nosso fracasso pessoal. E isso é mais complicado do que reconhecer o fracasso do nosso chefe, em especial se a nossa admiração por ele nem for assim tão... grande.

Em segundo lugar, fez com que as pessoas se sentissem importantes, ou melhor, que sentissem que a sua opinião era, *efetivamente*, importante na definição do orçamento da empresa. E o que se chama PARTICIPAÇÃO, e isso permite-nos satisfazer necessidades.

Em terceiro, é uma garantia um pouco maior da fidedignidade dos números. Se os valores foram determinados por quem anda no terreno, é mais provável que sejam realistas. O que é que interessa definir objetivos muito ambiciosos quando se provam ser irrealistas? Isso é condenar uma empresa, é desvirtuar todo o processo de planeamento das organizações.

Se, por acaso, os responsáveis da empresa estão convencidos que graças a uma campanha de publicidade, por exemplo, vão conseguir aumentar muito as vendas, e os comerciais não estiverem muito convencidos disso, esperem até os primeiros efeitos se fazerem sentir para, aí sim, discutir os objetivos de vendas. Impor valores não serve senão para ter a ilusão do poder. Digo ilusão porque não é pelo fato de os «impor» que as pessoas os atingem. O verdadeiro poder está em conseguir que as pessoas atinjam objetivos.

Vimos, até aqui, que são três os fatores que condicionam o grau de maturidade das pessoas nas organizações:

- Consciência causal;
- Atratividade dos objetivos;
- Perceção de exequibilidade dos mesmos.

Os dois últimos foram equacionados por dois autores importantes neste domínio.

Conforme se recorda, Hersey e Blanchard (1982) definem maturidade como sendo a dupla condição de a pessoa querer fazer algo e saber como fazer.

Dizem os autores que, dependendo do grau em que as pessoas querem e dominam a tarefa, assim a forma do líder se relacionar com eles deve variar.

No nível de maturidade máxima, as pessoas estão grandemente empenhadas em atingir objetivos, não havendo, portanto, necessidade de controlar externamente as realizações nem sequer de intervir ao nível de dar indicações sobre a forma de as realizar. Neste nível, segundo os autores, o tipo de relação adequada é de não interferência, tipo *laissez faire*.

Como aumentar, então, o nível de maturidade das pessoas?

De duas formas. Em primeiro lugar, é necessário proporcionar as oportunidades de formação necessárias para que as pessoas dominem o maior número possível de comportamentos adequados para o desempenho da sua tarefa. Em segundo, desenvolver valores comuns entre as pessoas para que o controlo deixe de ser externo e passe a ser interno.

Imagine que está a fazer algo. Porque o faz?

Ou é porque lhe apetece ou porque deve fazer, ou seja, por obediência. No entanto, é bem melhor que essa obediência seja em relação aos seus princípios e não a pressões externas.

É extremamente importante desenvolver valores comuns entre as pessoas que trabalham consigo. Acredite que não é com trabalho policial que consegue produtividade acima da média.

Um exemplo:

O gerente de uma agência bancária verificou que os seus colaboradores perdiam mais tempo do que deviam a falar ao telefone, em especial com conversas particulares. Isso estava a prejudicar a qualidade do atendimento, visto que, por vezes, havia clientes ao balcão à espera de serem atendidos, enquanto os funcionários acabavam as suas chamadas.

Irritado com a falta de «maturidade» dos seus colaboradores, resolveu cortar o mal pela raiz: proibiu as chamadas particulares antes das três da tarde.

Qual pensa que foi o resultado desta medida?

Se o que o gerente queria era acabar com os telefonemas particulares, então o resultado foi bom. Mas, se o que era pretendido era melhorar o atendimento, então saiu-lhe o «tiro pela culatra». Não só as pessoas ficaram bastante aborrecidas com ele (o que deteriorou o ambiente da agência) como o atendimento não passou a ser melhor, porque ou por isto ou por aquilo, deixavam sempre os clientes à espera. Porquê?

Bom, em primeiro lugar é a reação natural de quem é tratado desta forma – como uma criança. Em segundo, porque as pessoas não estavam conscientes do incómodo que era para o cliente estar à espera.

Pode parecer difícil acreditar mas muitas pessoas não têm consciência de como aborrecem os outros, pondo-os à espera ou tratando-os de determinada maneira.

Porque, em primeiro lugar, nós não pomos ninguém à espera por sermos preguiçosos. Antes, estamos a fazer algo de importante que não podemos deixar a meio. Mas será que o nosso cliente tem a mesma opinião sobre a importância do que nós estamos a fazer? Para ele, o mais importante é ser atendido. Tudo o resto não lhe interessa. Ele é o assunto mais importante que pode haver.

Mas é bom lembrar as pessoas disto, frequentemente. Tal como em crianças, nós aprendemos por repetição. Os valores são interiorizados aos poucos. E preciso exortá-los frequentemente e premiar os comportamentos adequados (veremos mais à frente este ponto em detalhe).

Como poderia o nosso gerente ter resolvido a questão?

Poderia, por exemplo, discutir com todos os colaboradores a importância do atendimento e procurar implementar algum esquema de inquérito onde os clientes avaliassem a qualidade do tratamento que lhes era dispensado. Um dos itens a figurar poderia ser a rapidez de atendimento.

À medida que os dados fossem recolhidos e divulgados, a atenção de todos passaria a estar muito mais virada para a qualidade do atendimento.

E não era necessário proibir os telefonemas.

Se queremos que as pessoas se empenhem em qualquer objetivo da empresa, não basta falar nele ou dizer que é importante. É preciso passar à ação. De preferência, dar o exemplo.
Se queremos que as pessoas sejam simpáticas com os clientes, sejamos nós os primeiros a ir para o balcão e, à frente de todos, mostrar como se devem atender os clientes.

Esta forma de resolver o assunto faz diretamente apelo à nossa consciência causal. A divulgação dos resultados dos questionários torna as pessoas conscientes de como a sua conduta pode influenciar os resultados.

Consciência causal → Atratividade dos objetivos → Perceção de exequibilidade dos objetivos → Escolha dos objetivos → Escolha dos comportamentos → Realização dos objetivos

---

Um conselho que aqui deixo aos gestores é para converterem o tempo que perdem a implementar controlos, em tempo destinado à criatividade para tornar os objetivos atrativos às pessoas, dar-lhes formação para que elas possam determinar a melhor forma de os atingir e, mais importante ainda, elaborar um programa de divulgação das participações individuais (DPI). O DPI é o conjunto de procedimentos destinados a dar a conhecer aos participantes organizacionais as contribuições uns dos outros para o sucesso da organização.

Infelizmente (ou felizmente), a falta de maturidade das pessoas deve-se mais aos chefes do que aos colaboradores. Por isso, mãos à obra. Empenhe-se no sucesso. Desenvolva a maturidade dos seus colaboradores.

Mas vejamos mais em detalhe a relação entre motivação e realização ou comportamento:

O PROCESSO DE REALIZAÇÃO

Recolha e Estruturação da informação

O ser humano é um organismo dependente do ambiente onde está inserido. Saber informações sobre o que o rodeia é considerado como condição fundamental para o aumento da eficácia da ação.

Vivemos na era da informática e da cibernética. A informação tem um peso cada vez maior na nossa sociedade e na escolha das condutas individuais e organizacionais.

Em muitas empresas (e não só nas grandes empresas) a generalidade das pessoas pouco ou nada sabe do serviço que os seus colegas fazem, o que os outros departamentos fazem, qual a importância da sua função para a organização como um todo e, inclusive, muitas vezes saber porque tem de fazer assim e não de outra forma qualquer.

A informação sobre produtos e mercados só chega a alguns diretores, a informação financeira a outros. Enfim, é um mundo muito complicado onde cada um só conhece uma pequena parcela que parece nem sequer ter muito interesse para ninguém. Trata-se de um conjunto de pessoas a fazer cada uma o que lhe parece melhor.

E é este o panorama de muitas das nossas empresas (felizmente, não de todas).

Como é que alguém pode detectar oportunidades de alterar a sua conduta num universo destes? É difícil. O que fazer então?

Em primeiro lugar, é necessário que todas as pessoas conheçam bem a «mecânica» da empresa. Quem faz o quê, porque o faz, como o faz, para que serve a contribuição de cada um (inclusive a sua), etc.

Em segundo, ter acesso à informação necessária de forma a permitir ajuizar melhor a influência do seu desempenho sobre os resultados.

Em suma, é necessário dotar os colaboradores do maior número possível de elementos que lhes permitam descobrir oportunidades de satisfazer necessidades (ou evitar punições), através de comportamentos adequados.

No caso do exemplo que anteriormente citei da agência bancária, os empregados não estavam conscientes de que a qualidade do serviço estava a ser grandemente prejudicada com os telefonemas.

O leitor poderá dizer que eles só não viam se não quisessem. No entanto, acredite que não é assim. Muitas vezes, se não nos mostrarem preto no branco os efeitos do nosso comportamento, não pensamos neles. Muitas vezes, até quando nos mostram, não ligamos...

Fazer com que as pessoas tenham a informação sobre os efeitos negativos das suas condutas não é o mesmo do que criticar. Quando alguém nos chama a atenção para qualquer coisa que tenhamos feito mal, o primeiro reflexo que temos é de defesa, de procurar justificar os nossos erros. Ninguém gosta de ser criticado.

Assim, é mais acertado deixar que as pessoas descubram os seus próprios erros. A divulgação de indicadores é um bom método (questionários, mapas, etc.).

Análise da oportunidade e comportamento a desenvolver

A segunda fase está relacionada com a análise da oportunidade, à luz dos seguintes critérios:

- Cultura da empresa;
- Chefia;
- Colegas;
- Capacidade de realização;
- Esforço a realizar.

O que pretendemos descobrir é se existe algo que nós possamos fazer para satisfazer alguma necessidade ou evitar alguma punição.

Considere a seguinte situação:

Está a almoçar com um amigo, e o almoço estende-se para lá da hora que devia e, como a companhia lhe está a agradar, resolve ponderar a hipótese de não ir trabalhar.

Está em causa a satisfação de uma necessidade, conviver, que deve ser ponderada em função de:

- Será que a empresa é muito rígida no que diz respeito a faltas? É mais importante a presença ou os resultados? Será que são as duas coisas importantes? E isso é importante para mim?
- Será que o meu chefe se aborrece de eu não aparecer senão mais tarde? E isso é importante para mim?
- Será que pelo fato de eu faltar de tarde vou ser encarado como um «baldas» pelos colegas? Será que sentem que estou a empurrar o trabalho para cima deles? E isso é importante para mim?
- Será que eu tenho capacidade para ficar aqui e mesmo assim cumprir com os meus objetivos profissionais?
- Será que o prazer que estou a ter compensa todos os inconvenientes?

Consoante fosse o peso dado a cada uma destas perguntas e as respectivas respostas, assim o leitor ou escolhia ficar ou voltar para o emprego.

Imagine outra situação.

Apercebia-se que a moral dos seus colaboradores estava baixa, com as respectivas consequências ao nível da produtividade.

Isto pode ser encarado como uma forma de satisfazer necessidades e/ou evitar punições. Como? Fazendo as coisas melhorarem.

Questões que iriam ser ponderadas:

- É hábito na empresa fazer alterações quando se detectam anomalias no desempenho? Se sim, que tipos de alterações? Aumenta-se o controlo ou a participação?
- Como é que o meu chefe encara esta situação? Será que me dá cobertura e me auxilia a implementar mudanças? Será que ele espera que eu aperte o controlo? Como veria ele uma situação de alteração dos padrões de liderança? O que é que ele dirá se nada for feito? E se for?
- Que reflexo pode ter uma atuação minha ao nível dos meus colegas? Será que me pode prejudicar ou beneficiar?
- Será que sei o que pode ser feito para alterar? Terei mesmo capacidade para fazer mudar os acontecimentos?
- Será que compensa o esforço em relação ao que posso extrair de positivo da situação?

Embora por vezes inconscientemente, estes são os fatores que condicionam o seu comportamento.

De uma forma mais lata, a cultura da empresa tem o mesmo papel do que as normas sociais a que, desde pequenos, fomos habituados.

Se, por qualquer motivo, fôssemos viver para uma cultura diferente da nossa, muitos dos nossos comportamentos seriam alterados para se coadunarem com as novas exigências que, dentro de muito pouco tempo, passariam a fazer parte dos nossos novos quadros de referência.

Quando se muda de empresa, o processo é semelhante.

Os chefes desempenham o mesmo papel que os nossos pais e professores representaram ao longo do nosso desenvolvimento. São a autoridade, quem tem o poder de sancionar as nossas condutas. O nosso tipo de relacionamento com eles e a forma deles exercerem esse poder é muito importante para a determinação das nossas condutas.

Os colegas desempenham o papel que os grupos a que nós pertencemos desempenham. Exercem um certo controlo sobre nós, sobre os nossos comportamentos. O aceitarem-nos ou rejeitarem-nos pode condicionar em vários graus as nossas escolhas.

A nossa capacidade de intervenção é também importante, se não mesmo decisiva. Se não veja. É muito improvável que alguém sinta vontade de fazer algo que não saiba bem como ou não saiba de todo. É fundamental o papel desempenhado pela formação profissional nesta questão.

Ao contrário do que se pode pensar, a maior parte da formação que se traz da escola e da faculdade, só por si, para pouco serve no decorrer da vida profissional futura. É certo que nos abre os horizontes e nos faz ter uma capacidade de análise superior. Mas será que nos recordamos de coisas que, muitas vezes, quando nos foram transmitidas nada representavam para nós?

A vantagem da formação profissional é exatamente a de permitir uma transposição dos assuntos para o dia-a-dia, para resolver os problemas com que as pessoas realmente se defrontam, tão sem significado quando estávamos a estudar.

Finalmente, o esforço a despender é sempre equacionado em termos de «será que vale a pena?»

Este é um dos grandes problemas da maioria das empresas que gastam milhares de contos em formação profissional e veem tão parcos resultados. Por melhor que a formação seja, é necessário quebrar a inércia que é responsável pelas pessoas sempre terem feito «assim». Não basta ensinar que existem outras maneiras de fazer melhor. E preciso «verificar» se as pessoas põem em prática o que aprenderam e premiá-las, quando isso acontece. E preciso que os esquemas de avaliação de desempenho permitam detectar de forma sistemática a mudança que as pessoas se esforçam por efetuar. Se as pessoas não sentem que têm bastante a ganhar com qualquer mudança, NÃO MUDAM.

São, basicamente, estes os fatores que determinam as nossas escolhas comportamentais. Quer seja na empresa ou na nossa vida particular tudo gira em torno deles.

RESUMO

Neste capítulo vimos que maturidade é a capacidade de definição de objetivos coerentes e realistas e a escolha de condutas adequadas à realização desses objetivos. O critério de eficácia é uma boa adaptação ao meio através, essencialmente, de mecanismos de autocontrolo.

Vimos que existem três fatores que condicionam a maturidade das pessoas nas organizações:

- Consciência causal;
- Atratividade dos objetivos;
- Perceção de exequibilidade dos mesmos.

Falamos, finalmente, sobre a forma de facilitar a transformação do potencial de motivação em ação. Como? Identificando as variáveis que condicionam o processo e que são:

- Recolha e estruturação da informação a disponibilizar.
- Análise da oportunidade e comportamento a desenvolver, à luz dos seguintes critérios:

  - Cultura da empresa;
  - Chefias;
  - Colegas;
  - Capacidade de realização;
  - Esforço a despender.

SUGESTÕES

1. Procure conhecer todas as implicações que a sua tarefa tem para a organização. Faça um diagrama que identifique tudo o que dê origem à sua intervenção e a tudo a que o seu trabalho dê origem. Veja de que forma pode melhorar o circuito.

2. Caso tenha responsabilidades de chefia implemente um D.P.I. (Divulgação de Participações Individuais).

Para isso encarregue todos os seus colaboradores de procederem ao indicado no ponto 1 e, posteriormente, reúna-os a fim de divulgarem entre si as suas conclusões.

Envolva o maior número possível de pessoas no processo.

ESTUDO DE CASO

Pressionado com a necessidade de obter bons resultados, Francisco Peres, o Gerente da Loja de Amoreira, observa atentamente os objetivos que delineou para si e para a sua equipa, para o próximo trimestre. Acredita que desta forma irá conseguir alcançar a meta definida pelo Diretor Comercial. No entanto, tem algumas dúvidas quanto à forma como os formulou: será que estão claramente definidos?

Observe os seguintes objetivos e verifique a sua formulação. Se considera que estão mal definidos, explique porquê. Considere que os objetivos devem ser claros, percebidos e aceites por quem os irá cumprir, quantificados e temporizados.

Objetivos: Bem formulado – Mal formulada – Porquê?

Aumentar em 3% as vendas de iogurtes, por mês.

Melhorar, consistentemente, o atendimento ao cliente.

Verificar se as encomendas estão corretas.

Ter formação em vendas.

Aprofundar os conhecimentos de *cross-selling*.

Reduzir para 2%, o n.º de reclamações não resolvidas, até ao fim do trimestre.

Melhorar, substancialmente, os resultados de vendas.

Reduzir para 1%, a taxa de absentismo da seção, até final do trimestre

Promover e implementar ações de promoção.

Participar em 80% das reuniões de equipa, até ao final do trimestre.

Reduzir quebras por furto apresentando proposta até final do trimestre.

Participar em sessões de reciclagem de vendas.

Reduzir para 10%, o número de erros de inserção de encomendas, até ao final de 2007.

Melhorar a relação com os clientes.

Reduzir o índice de quebra por manuseamento com empilhadores.

Aumentar o ritmo de reposição.

Reduzir as rupturas diariamente.

Capítulo 6

A Relação Delta

A relação dos sentimentos com o desempenho

Sentimentos, o que são? · A importância da justiça · Desenvolvimento de uma cultura organizacional · Sobre as questões · Resumo · Sugestões · Estudo de caso

Considerando o Primeiro Questionário [1.ª parte), as questões que medem a relação delta, a relação dos sentimentos com o desempenho, são as seguintes:

4. O fato de os sentimentos das pessoas intervirem, muitas vezes, no desempenho de uma função faz com que a qualidade do seu trabalho diminua. Isto porque os sentimentos são, essencialmente, irracionais, o que contraria o princípio da racionalidade que deve nortear o comportamento das pessoas nas organizações.

5. As regras e os procedimentos das organizações devem, na medida do possível, controlar os efeitos dos sentimentos devido aos seus resultados imprevisíveis.

8. Devido à característica da irracionalidade dos sentimentos das pessoas e ao baixo grau da sua maturidade, existe uma séria dificuldade na prática da autodisciplina e do autocontrolo por parte da generalidade das pessoas.

17. Devemos ter o cuidado de ocultar as informações desagradáveis às pessoas para que o seu desempenho não seja afectado negativamente.

SENTIMENTOS, O QUE SÃO?

Um sentimento é uma atitude muito forte em relação a um objecto, pessoa ou situação. Conforme já vimos no primeiro capítulo, um sentimento pressupõe a existência de uma crença em relação ao seu objecto, uma forte atração ou repulsa por esse mesmo objecto e uma predisposição para comportamentos de aproximação ou afastamento.

ATITUDE MUITO FORTE → SENTIMENTO

Para um sentimento se desenvolver é necessário um longo contato entre o sujeito e o objecto do sentimento. Um contato superficial entre duas pessoas não provoca, normalmente, sentimentos nem positivos nem negativos. Digo normalmente para excluir o que se designa por «amor à primeira vista» ou «antipatia à primeira vista».

Embora nestes casos possa parecer que não existe um contato prolongado com o objecto do sentimento, o fato é que existe. Não com a pessoa em si, mas com o que ela representa para nós. É provável que tenhamos idealizado a «pessoa certa», que nos nossos sonhos essa pessoa tenha um perfil e que, de repente, alguém surja na nossa vida e nos provoque a impressão de ter as qualidades idealizadas. Em suma, essa pessoa passa a ter todas as qualidades do nosso parceiro «ideal». Pelo menos é essa a nossa crença...

O mesmo se passa no sentido inverso. Se quando conhecemos alguém, esse alguém nos dá a ideia de ser tudo o que nós sempre odiámos, odiamo-lo logo à primeira vista. Existe, no entanto, um contato anterior com a crença, em relação à qual comparamos a pessoa. Quer seja real (pessoas parecidas que já tenhamos conhecido e que tenhamos detestado) ou meramente idealizado.

Os sentimentos são o que de mais belo e distintivo nós temos. Por um sentimento em relação a um ideal ou a uma pessoa fazemos todos os sacrifícios imagináveis. São os sentimentos que dão sentido à nossa vida e que foram e serão responsáveis por todas as grandes mudanças na humanidade.

O desejo de justiça, a sede de poder, o amor pelo próximo, a fé, são estados que, quando convertidos em sentimento, foram causa e objetivo dos acontecimentos desde que o Homem é Homem.

Sentimentos são estados mais ou menos permanentes. É raro acontecerem mudanças bruscas nos sentimentos, a não ser como resultado de um choque grande. Da mesma forma que resistimos a alterar as nossas atitudes, resistimos com mais vigor a alterar os nossos sentimentos depois de formados.

Quando um dia não vimos trabalhar bem-dispostos devido a alguma desgraça que nos aconteceu, não se trata de sentimentos a interferir no nosso desempenho, mas sim de disposição ou estado emocional, o que é completamente diferente.

Calculo que esteja a pensar que foi essa a interpretação que deu, «disposição», quando respondeu às questões 4, 5 e 8.

No livro de Tom Peters e Robert Waterman, *Na Senda da Excelência,* vem um bom exemplo do que pode ser um sentimento de um empregado em relação ao produto que a sua empresa produz. Havia um empregado na Honda que, quando regressava a casa todas as tardes, endireitava os limpa para-brisas de todos os Hondas porque passava. Porquê? Somente porque não podia ver um defeito num Honda.

Isto é um bom exemplo do que pode ser um sentimento pela qualidade.

Numa empresa de informática que eu tive a oportunidade de acompanhar de perto, a equipa de assistência a clientes estava tão empenhada na sua missão que era normal os seus elementos darem o número de telefone de casa, para que os clientes os contactassem a qualquer hora. Foram várias as vezes em que essa equipa se deslocou durante a noite e nos fins de semana aos mais longínquos pontos do País para prestarem um bom serviço ao cliente. Não só gostavam muito da sua profissão como desenvolviam um sentimento de identificação com os clientes.

NINGUÉM LHES PAGAVA MAIS POR ISSO!

Será que se não existissem sentimentos estes exemplos fariam sentido?...

Já atrás referi que são os valores que, em grande parte, condicionam o comportamento das pessoas. A razão, ou a racionalidade, mais não é do que a obtenção de eficiência no comportamento, ou seja, atingir os nossos objetivos com um mínimo de esforço, objetivos esses que são determinados tendo como quadro de referência esses mesmos valores.

Dizer que os sentimentos são irracionais é o mesmo que dizer que os objetivos de uma organização não são eficientes. Para quem se interessa por assuntos de gestão, o que afirmei não faz sentido. Os objetivos não podem ser classificados como eficientes ou ineficientes! Os métodos para os atingir é que poderão ter essa classificação.

Os sentimentos, nesta analogia, podem ser considerados como objetivos, norteando, como tal, o nosso comportamento no que ao seu objecto diz respeito.

Sentimentos não são instintos. Não são estados primários de respostas reativas. São antes fruto de um relacionamento prolongado com algo que satisfaz as nossas necessidades. Não são, sequer, a origem de comportamentos imprevisíveis; antes pelo contrário. Conhecendo o sentimento de uma pessoa é relativamente fácil prever o seu comportamento em relação ao objecto desse mesmo sentimento.

Porque desenvolverá o ser humano sentimentos? O que é que está, na realidade, na origem do sentimento?

Conforme vimos aquando da análise da relação BETA, o Homem é um ser complexo que, durante a sua vida e para conseguir manter um equilíbrio saudável com o meio, necessita de satisfazer um sem número de necessidades.

Vimos, também, uma categorização possível dessas necessidades (provavelmente outras existirão) cuja satisfação produz, no Homem, um estado de prazer, mais ou menos intenso, consoante a intensidade da necessidade e o grau conseguido de satisfação.

ESTADO DE TENSÃO PROVOCADO POR UMA NECESSIDADE ⇨ COMPORTAMENTO (SATISFAÇÃO) ⇨ REDUÇÃO DA TENSÃO

ou

ESTADO DE TENSÃO PROVOCADO POR UMA NECESSIDADE ⇨ COMPORTAMENTO (SATISFAÇÃO) ⇨ MANUTENÇÃO

Todo o nosso comportamento é motivado. Quer as necessidades a satisfazer sejam de índole fisiológica (comer, beber, atividade sexual) ou psicológica (necessidade de aprovação, de realização, etc.).

Conforme se pode deduzir do esquema acima apresentado, o comportamento eficaz é aquele que nos permite satisfazer a necessidade. Caso isso não seja possível, diz-se que ficamos frustrados, o que é um estado incómodo que procuramos, a todo o custo, evitar.

Se estivermos em contato com uma pessoa, situação ou objecto a quem associemos o estado de frustração, então essa pessoa, situação ou objecto ganhará para nós uma carga negativa. Quanto mais prolongado for o contato e maior dificuldade tivermos em satisfazer as nossas necessidades, mais negativa é a «carga» que tem para nós.

Neste caso, diz-se que desenvolvemos um sentimento negativo em relação a essa pessoa, situação ou objecto.

Inversamente, um contato prolongado com algo que nos permita satisfazer as nossas necessidades, faz-nos desenvolver sentimentos positivos.

Pense em alguém em relação a quem tenha um forte sentimento de amizade. Por que é que será?

Provavelmente é alguém que lhe dá conforto quando precisa, que o ouve quando isso é o pretendido e que o aconselha sempre que lhe surgem dúvidas e incertezas. Independentemente de ter mais ou menos do que tem, por certo essa pessoa não o faz sentir inferior e, antes pelo contrário, vive consigo os seus êxitos e lamenta, igualmente, os seus fracassos.

Essa pessoa confia em si e vice-versa. Dá-lhe segurança, uma vez que sente que se alguma vez precisar de algo, ela estará lá para lhe dar a mão.

Essa pessoa terá, também, interesses compatíveis com os seus e sabe mostrar quanto o aprecia e lhe agrada desfrutar da sua companhia.

Quanto maior for o contato que mantiver com alguém que se enquadre nesta descrição, maior será o seu sentimento em relação a essa pessoa.

Sentimentos também podem ser desenvolvidos em torno de valores, como o altruísmo, o poder, a cooperação, a competição, a solidariedade, a sinceridade, etc.

Vejamos o seguinte exemplo:

Pedro era um funcionário público desiludido que, após vários anos de dedicação à sua carreira, se viu ultrapassado por uma conjura feita a favor de um colega, por altura de um concurso.

Pedro, que até aí sempre acreditara na justiça e que o bom desempenho sempre seria reconhecido, tornou-se uma pessoa amarga, cujos valores passaram a pender para o oposto do que sempre tinha defendido.

Até aí, Pedro sempre tinha acreditado que nada melhor do que a honestidade e o esforço árduo para se conseguir triunfar.

Desde então, a sua filosofia mudou completamente. Não olhar a meios para atingir os fins e ser o melhor a todo o custo passaram a ser os novos valores dominantes da sua vida.

João, seu filho, entrou para a escola por altura deste infortúnio, o que fez com que todo o apoio que recebia do pai fosse no sentido de ser sempre o melhor, nem que fosse à custa do mal dos outros. Segundo o seu pai, as pessoas eram más, só pensavam no seu bem e, se não fôssemos nós a «passar-lhes a perna», cedo elas fá-lo-iam connosco.

João tornou-se uma criança agressiva e extremamente competitiva, o que lhe trouxe grandes problemas na escola.

Para si, todas as pessoas deveriam ser olhadas com desconfiança e era raro ajudar algum colega fosse no que fosse. A competitividade passou a ser um sentimento dominante na sua relação com o meio.

Neste caso, podemos constatar dois elementos importantes relacionados com a formação dos sentimentos. Em primeiro lugar, o papel que teve o choque na vida de Pedro, na sua mudança brusca de orientação existencial. Em segundo, o papel do processo de socialização (neste caso a educação) no desenvolvimento de valores e de sentimentos fortes em torno desses valores.

Para João, a melhor maneira de satisfazer as suas necessidades era comportar-se da forma que se comportava em relação aos outros. A necessidade que lhe foi sendo incutida pelo pai, de ser o melhor a todo o custo, foi sendo satisfeita, utilizando procedimentos competitivos em relação a quem o rodeava.

E foi fácil para Pedro influenciar o filho. João adorava o pai e sempre tinha feito do pai um modelo a seguir.

João não tinha amigos, simplesmente brincava de quando em quando com algum colega. A medida que foi crescendo e quanto menos amigos tinha, mais razão dava ao pai.

Quanto mais isolado se encontrava mais competitivo se tornava.

Como pode ver, sentimentos não têm como objecto somente uma pessoa bem identificada. Um sentimento pode ter como objecto pessoas vistas na generalidade ou mesmo organizações.

Como é que se desenvolvem sentimentos em relação às empresas? Da mesma forma que em relação às pessoas. Através de uma vivência mais ou menos prolongada que proporcionou satisfação ou frustração em relação ao sujeito.

Grande parte da nossa vida é passada nas organizações. São as empresas que são palco das nossas realizações e frustrações. Se o nosso historial de relacionamento com a empresa onde trabalhamos for de satisfação, isso provocará, em nós, sentimentos de atração. Se for mau, o sentimento desenvolvido será de repulsa.

Onde falham a maior parte das empresas no seu relacionamento com os empregados?

A IMPORTÂNCIA DA JUSTIÇA

Justiça... Este é um dos fatores que mais problemas provoca nas organizações.

É difícil ser-se justo e ainda mais fazer com que as partes (em especial a que se sente prejudicada) aceitem as decisões de suposta justiça.

Quando é que sentimos que estamos a ser vítimas de uma injustiça? Basicamente, em duas situações:

1. Quando o que nos acontece é pior do que as nossas expectativas

Se um dia chegamos tarde ao emprego por um motivo que consideramos justificativo esperamos que, após explicado o sucedido, o atraso seja aceite, sem que isso origine qualquer tipo de consequência ou repreensão e se, por acaso, nos repreendem ou marcam falta, achamos injusto, tanto mais injusto quanto mais estivermos convencidos que o nosso motivo é suficientemente forte.

Se considerarmos que fomos tratados injustamente, o mais provável é que aquele tempo extra que tínhamos pensado dedicar ao nosso trabalho de forma a compensar o atraso, até seja esquecido. «Ah, eles são isso? Então vão ver se fico a fazer mais do que as minhas horas! Se tiverem muita pressa, eles que façam!»

Neste caso sentimos a situação como injusta, porque como para nós o fato de termos chegado tarde não era de nossa responsabilidade, julgávamo-nos no direito de ver aceite a justificação. Como isso não aconteceu consideramo-nos injustamente tratados.

Quem terá razão?

Outro exemplo:

Uma determinada marca de electrodomésticos lança um modelo no nosso país que tem sido um sucesso na vizinha Espanha. Dado, no entender da direção comercial internacional, esse mercado apresentar características semelhantes ao nosso, as expectativas dos responsáveis da marca são de uma penetração equivalente. No entanto, não discutiram abertamente com o responsável comercial do nosso país que, tradicionalmente, goza de uma grande autonomia, dado os bons resultados que a marca tem vindo a apresentar.

Em suma, houve uma descoordenação entre o planeamento efectuado na sede internacional e o efectuado no nosso país, no que respeita ao modelo em questão.

Quando se começa a constatar que a penetração é inferior ao esperado, há uma reação muito negativa do responsável internacional que se manifesta num comportamento bastante brusco para com o diretor comercial do nosso país.

Esse comportamento foi considerado pelo português como desajustado (injusto), uma vez que ele considerava que não tinha culpa que o outro desenvolvesse expectativas tão elevadas e, em especial, sem ter tido uma conversa prévia com ele sobre o assunto.

Esta reação provocou insatisfação. Quem terá razão?

Enfim, quer num caso quer noutro, embora possa pender mais para um dos lados, o fato é que em ambas as situações se podem apresentar argumentos válidos em defesa das partes. Em especial, se explorássemos mais as questões, mais difícil seria a decisão sobre onde está a razão.

Para além disso, salvo em situações por demais evidentes, nós temos tendência a sobrevalorizar os argumentos a nosso favor e em subvalorizar os que nos são contrários.

Uma coisa é certa, quanto maior o número de situações deste tipo com que nos defrontamos mais ficamos frustrados e logo serão desenvolvidos sentimentos negativos.

Se este tipo de situações se prolongar, o mais provável é que as pessoas comecem a procurar novos empregos.

2. Quando alguém é tratado de forma diferente do que nós somos numa situação idêntica ou privilegiam alguém que, em nosso entender, não merece

No final do ano, aquando da atribuição de prémios de desempenho, constatamos que um colega nosso, que nós consideramos francamente mais fraco do que nós, recebe um valor igual ao nosso.

Independentemente de o critério ser ou não justo, a ação foi por nós sentida como injusta.

Vejamos o exemplo:

Na tesouraria de uma empresa trabalhavam cinco funcionários, sendo um deles o responsável pela seção.

Certo dia é autorizada uma secretária nova para a seção, vendo-se o responsável a braços com a decisão de a quem atribuir a nova secretária.

Após consultar todos os colaboradores, verificou não ser possível alcançar um consenso sobre o destino a dar ao novo móvel. Todos apresentavam razões que, no seu entender, justificavam o argumento de lhes ser dada preferência na atribuição da secretária.

Se bem que num dos casos os argumentos não eram tão convincentes, nos restantes três até existia uma certa lógica.

O responsável pela seção estava num dilema. Como resolver a situação? Por um lado, isto era um pormenor que não tinha importância para a eficácia da empresa. Por outro, estava a causar uma grande perturbação no dia-a-dia.

Se ele tomasse a decisão, possivelmente três pessoas ficariam frustradas e durante bastante tempo, provavelmente, o assunto seria tema de repetidos «queixumes» o que prejudicava de forma nítida o ambiente de trabalho e, logo, a produtividade.

É que, parecendo que não, somos muito sensíveis a «insignificâncias» destas. Como resolver?

Este é outro tipo de situação onde o problema da equidade se põe. Qualquer decisão que fosse tomada contrariaria alguém. Qual o benefício de o responsável decidir? A primeira vista, nenhum.

Mas o problema era mais profundo. Conforme descrevi acima, a tentativa de pôr as pessoas em acordo foi infrutífera.

Vejamos como foi resolvido o assunto.

O primeiro passo a dar foi obter um acordo de todos os intervenientes no processo de que era imperioso tomar uma decisão.

Uma vez que não era concretizável um consenso em torno da questão, tinha de se arranjar uma alternativa de a decisão ser a mais justa possível. Até aqui todos estavam de acordo.

Então que fazer? Foi aberta uma discussão sobre o método a utilizar para resolver a questão. Depois de várias alternativas, duas hipóteses ficaram no ar:

- Tirar à sorte.
- Cada um tinha de identificar quem, a seguir a ele próprio (no seu entender) mais merecia a mesa. A pessoa que mais escolhas tivesse através deste método ficaria com a mesa.

Uma vez aceite o método, o problema estava resolvido. O método escolhido foi o segundo.

Todas as pessoas aceitaram bem a decisão e, embora existisse uma certa desilusão por parte de quem não ficou com a secretária, não existia ninguém a quem culpar, pelo que esse estado de espírito foi rapidamente ultrapassado.

Imagine o que sucederia se a decisão tivesse sido tomada pelo chefe...

Muitos mais exemplos poderiam ser dados de falta de equidade, mas penso que este é um assunto sobejamente conhecido e, em alguns casos, «sentido na pele» por si.

Como poderiam ser evitadas estas situações?

Simples. Através de uma definição clara de objetivos e padrões de conduta e de um processo de comunicação eficaz. Também o privilegiar a decisão grupal (sempre que as pessoas sintam que existem condições que o permitam) é importante.

O que mais provoca situações destas é a ambiguidade. Deixar as situações correr sem uma definição clara das «regras do jogo», não só provoca uma grande insegurança como dá origem ao «exercício do poder», em moldes mais ou menos discricionários.

Assim, a primeira coisa a fazer para evitar este tipo de situações é dizer claramente às pessoas o que se espera delas, quais os comportamentos aceitáveis e os inaceitáveis em termos de empresa e julgar, unicamente, pelos resultados.

Todas as apreciações devem ser públicas. Ambientes de secretismo geram insegurança e, logo, mal-estar.

Preferencialmente, os objetivos a atingir devem ser grupais, isto é, procurar fomentar o controlo pelo próprio grupo, mais do que pela chefia. Caso isto se processe desta forma, também as recompensas deverão ser acordadas pelo grupo.

O papel da chefia deve cingir-se à coordenação e ligação do grupo com o resto da empresa e formação dos seus colaboradores. Deve ter um papel integrador e de ligação e nunca ser um bastião da «honra do convento», em especial pela negativa.

No entanto, é um erro afirmar que as pessoas em nenhuma circunstância aceitam uma liderança autocrática. Em situações de emergência, onde a necessidade de decidir rapidamente é imperiosa, as pessoas não só aceitam como procuram mesmo esse tipo de liderança. Não consegue imaginar, por certo, um batalhão de bombeiros a combater um fogo e a interromper essa missão para fazer uma «sessão plenária» para se decidir sobre a melhor maneira de atuar, quem deve ir para onde, etc. Ou ainda um batalhão ou pelotão debaixo de fogo inimigo, cada um a «dar palpites» sobre o que fazer.

Isto são exemplos de situações onde a decisão deve ser centralizada e imediata. A sua qualidade é determinante. Uma má decisão numa destas situações pode ser a diferença entre a vida e a morte. Daí a grande importância dada à preparação deste tipo de líderes.

Mas isto são situações que, normalmente, não acontecem no dia-a-dia das empresas. A generalidade das pessoas nas empresas QUER participar nas decisões que podem ter influência na sua vida. Isto fá-las sentir parte da empresa e desenvolve sentimentos de pertença.

E essa é a verdadeira chave do sucesso empresarial. Conseguir criar elevados sentimentos de pertença nos empregados, em relação à empresa.

Para além deste papel integrador a que fizemos referência, há ainda um outro papel muito importante: o papel de manutenção da cultura da empresa e socialização dos novos membros.

DESENVOLVIMENTO DE UMA CULTURA ORGANIZACIONAL

Falámos atrás, na necessidade de o Homem ter ideais, valores.

É mais a figura do missionário que a do mercenário que pode produzir sucesso nas organizações.

Vivemos num mundo cada vez mais despersonalizado. Nas empresas muitas vezes só conhecemos as pessoas que estão ou no nosso gabinete ou no nosso andar. Valores como solidariedade, convívio, entreajuda parecem cada vez mais distantes. Vivemos cada vez mais «para dentro». Para dentro de nós, para dentro da família nuclear, para dentro do nosso grupo primário de trabalho.

Atravessamos uma crise de valores, onde o que é determinante nas relações sociais é o utilitarismo. A ética, por vezes, parece um conceito distante e utópico. Até as religiões parecem atrair menos as pessoas.

Se bem que este modelo possa apresentar algumas vantagens (poderão defender alguns) torna as relações sociais e organizacionais pouco profundas em termos de coesão. Há um défice real de finalidades que juntam as pessoas.

Em algumas organizações, o lucro imediato é o que norteia todas as decisões. Nem que isso signifique que os clientes sejam enganados ou os empregados explorados.

«Para quê gastar dinheiro a tornar os produtos mais seguros se os clientes nem dão por isso?»

É difícil imaginar quem pode ter prazer em trabalhar numa empresa onde se ouçam afirmações como esta.

Ganhar dinheiro não tem que (nem deve) estar relacionado com defraudar o outro. O mundo é constituído por pessoas, são essas pessoas que se mantêm umas às outras e devem ser merecedoras do maior respeito.

Isto é algo que não deve ser esquecido por ninguém.

Como aumentar a coesão e o sentimento de pertença das pessoas em torno da organização?

Essencialmente através do desenvolvimento de valores próprios e finalidades comuns a todos na empresa. Deverão ser criadas regras morais e sociais com que todos se identifiquem e que, só por si, possam provocar satisfação às pessoas. Muita da nossa motivação está orientada para a escolha de condutas que interiorizamos como socialmente desejáveis e aceitáveis, e que passaram a fazer parte das nossas necessidades psicológicas.

Vejamos o altruísmo, por exemplo. O ser humano não nasce altruísta. São as suas experiências, vivências e educação que determinarão o grau em que sentimos prazer em, desinteressadamente, ajudar o próximo.

Assim, é imperioso que todos na empresa saibam a finalidade do seu esforço e mais, como deve ser canalizado. Quais as formas de comportamento adequadas e as não adequadas. E isso deve ser comum a toda a empresa, deve ser distintivo de todas as outras.

Se na empresa as decisões são participadas, elas devem ser assim em todos os departamentos. Se a cooperação é um valor procurado, sempre que este tipo de comportamento for observado deve ser premiado. Deve-se mostrar claramente que a competição interna não é aceitável.

Quantas empresas não há onde um diretor só consegue brilhar à custa de prejudicar um colega. E o pior é que se permitem estas situações.

É muito importante conseguir desenvolver sentimentos de pertença em relação à organização. Fazer com que as pessoas sintam que ao prejudicar um colega ou a empresa estão a prejudicar-se a eles próprios. A empresa deve ser sentida como um local onde foram vividas grandes alegrias, vencidos desafios, um local onde tivemos a oportunidade de nos desenvolvermos como pessoas.

SOBRE AS QUESTÕES

Refletindo, agora, nas questões do Primeiro Questionário (1ª parte) referentes a esta relação, eu diria que os sentimentos são algo que faz parte da natureza humana. Não são nem bons nem maus por definição. São como qualquer outra característica que o Homem tem, como, por exemplo, a capacidade de falar.

Não está a imaginar as empresas definirem regras para impedirem as pessoas de falar, ou preverem os efeitos negativos da fala. O fato de conseguirmos comunicar também tem contras. Se estivermos a aborrecer os outros é mau.

O que fazer, então? As pessoas tentam que não existam razões de queixa para que os outros não digam mal. Tapar a boca é algo que não é opção.

O mesmo deve ser dito dos sentimentos. Quando positivos provocam resultados, de outra forma, inatingíveis. Se são contrários à empresa? Bom, isso é um problema que, por mais regras e procedimentos que se decretem ou inventem, nunca deixará de o ser.

Temos de ter consciência disto e procurar que todos consigam identificar-se com a empresa em que trabalham e, mais, que no seu trabalho consigam satisfazer as suas necessidades. Mas, para isso, é necessário conseguir que a permanência das pessoas seja suficientemente prolongada para que haja lugar ao desenvolvimento de sentimentos.

As chefias têm um papel muito importante no desenvolvimento de valores comuns entre os seus colaboradores.

Um dos valores que deve procurar ser exortado é a orientação para o cliente.

Bem vistas as coisas, são eles (clientes) que são a razão da existência da nossa função.

Ao falar em clientes, quero dar-lhe um sentido lato, ou seja, refiro-me a toda e qualquer pessoa a que se destine o nosso trabalho, como seja o cliente propriamente dito, o contribuinte, o doente, ou mesmo o nosso colega do departamento ao lado que recebe o nosso trabalho.

É necessário e urgente desenvolver um sentimento forte em redor deste valor. Só assim poderemos caminhar para uma sociedade onde a qualidade de vida deixe de ser uma promessa e passe a ser uma realidade.

Existe um filme sobre atendimento ao público, onde a verdadeira paixão pelo cliente está bem patente no comportamento de uma hospedeira de terra. Apesar de tudo de mal na sua vida particular lhe ter acontecido num determinado dia, a forma como continuava a atender os passageiros mantinha-se exemplar.

Um caso que ilustra o poder do sentimento, até, no controlo emocional.

Para terminar, gostaria de reforçar a ideia de que os sentimentos, como tudo na vida, podem produzir bons ou maus resultados, consoante a sua valência seja positiva ou negativa. Importa, pois, desenvolver sentimentos fortes e positivos em torno da organização e dos seus valores e uma intensa orientação para os clientes. Este é mais um passo (e decisivo) para que a excelência organizacional possa ser atingida.

RESUMO

Neste capítulo falámos sobre sentimentos. Definimos sentimento como sendo uma atitude muito forte em relação a uma pessoa, grupo ou ideia.

Foi referido o carácter temporal do desenvolvimento dos sentimentos. Desenvolvemos sentimentos sempre que durante um prolongado período de tempo convivemos com algo que satisfaz as nossas necessidades.

Mas, da mesma forma que demoram tempo a formar, os sentimentos também têm um período de extinção longo, excepto se algum choque muito grande acontecer, o que pode desencadear um término imediato do sentimento.

Referimos, ainda, dois importantes fatores que podem levar as pessoas a desenvolverem sentimentos negativos em relação às organizações: injustiça, falta de equidade e falha no desenvolvimento de uma cultura sólida.

Finalmente, foi feita uma pequena reflexão sobre as afirmações do questionário que medem esta relação.

SUGESTÕES

1. Faça uma lista com vários valores suscetíveis de fazerem parte da cultura da organização a que pertence. Peça aos seus colaboradores e colegas para fazerem o mesmo. Em comum, procurem hierarquizar esses valores.

2. Sempre que tenha de tomar alguma decisão «impopular» para alguém, procure mostrar com toda a transparência os fatos que estão na sua origem, dissipando qualquer possível interpretação e arbitrariedade da sua parte.

ESTUDO DE CASO

Durante a reunião de apresentação dos resultados trimestrais, o Diretor Comercial, Francisco Sales, congratula toda a equipa de Gerentes, e em particular, Francisco Peres, Gerente da Loja de Amoreira e João Stock, Gerente da Loja de Fronteira, pelos excelentes resultados. Os objetivos delineados eram iguais para ambas as lojas, face às semelhanças existentes entre elas. Assim sendo, ficou acordado que se os objetivos fossem alcançados seria dado a cada equipa um prémio de igual valor.

Francisco Peres olha em retrospectiva para o último trimestre e analisa em que condições teve de trabalhar para alcançar os resultados propostos pela Direção. A sua loja foi a única do Grupo que teve de se submeter a obras nesse período. Foram momentos complicados em que as reclamações dos clientes abundaram, com alguns deles a mudarem para a concorrência. Queixavam-se do barulho, da desarrumação e principalmente da diminuição do sortido e da constante alteração do *layout,* para dar espaço aos novos melhoramentos. Francisco Peres teve de se desdobrar em atenções e explicações a todos os clientes, procurando assegurar que as melhorias iriam largamente compensar as dificuldades sentidas. Depois, teve de lidar com o constante adiar da data de conclusão da remodelação.

Acima de tudo, estava orgulhoso da sua equipa. Todos sem exceção tinham dado o seu melhor, fizeram horas extraordinárias, adiaram férias, pensando sempre em obter os melhores resultados e assim contribuírem para o sucesso da loja. Francisco Peres, em conjunto com a sua equipa, definiu um prémio a atribuir a todos os colaboradores, caso o objetivo fosse alcançado.

Apesar destas circunstâncias e das dificuldades sentidas por Francisco Peres e sua equipa, o objetivo não só foi alcançado, como os resultados reais ultrapassaram o objetivo em 5%.

Francisco Peres, quando ouve o Diretor Comercial Francisco Sales a divulgar os resultados da Loja de Fronteira, constata com alguma admiração que estes cumpriram os objetivos traçados... mas ainda assim ficando aquém dos números atingidos pela sua loja.

Rapidamente a satisfação e orgulho sentidos por Firmino começam a desvanecer-se, dando lugar a um sentimento de injustiça face à atribuição do prémio de igual valor a ambos os Gerentes.

Para reflexão:

Comente a reação de Francisco Peres. Considera que este deveria ter uma noção mais alargada do conjunto da organização, congratulando-se pelo fato de ambas as lojas terem cumprido o objetivo?

Como Gerente da Loja de Amoreira, o que faria?

Capítulo 7

A Relação Omega
A relação de plasticidade do homem

Organização dinâmica da personalidade · Diferenciação na forma de adaptação ao meio · Sobre as questões · Resumo · Sugestões · Estudo de caso

As afirmações que, no Primeiro Questionário (1.ª parte), medem a sua sensibilidade à relação ómega, a relação de plasticidade do homem, são as seguintes:

7. As pessoas só gostam de ouvir opiniões quando são concordantes com as suas.

10. Uma chefia é normalmente malvista pelos outros, quando, após ter defendido determinado ponto de vista com vigor, muda de ideias devido à persistência de algum subordinado que acaba por lhe apontar os erros da sua posição.

13. Quando um colaborador é desinteressado e desleixado, isso deve-se, quase sempre, às suas características de personalidade.

20. O ser humano médio preocupa-se pouco com o bem-estar dos seus semelhantes.

É provável, à semelhança das outras relações, que quando se analisa a si próprio obtenha pontuações mais elevadas. É provável, também, que durante a sua vida tenha observado inúmeras reações que o levem a atribuir aos outros a pontuação que atribuiu. Mas a questão que eu levanto é, novamente, a seguinte:

Será que as pessoas são por natureza como as vê, ou será a situação que determina os seus comportamentos?

Ou ainda, a discussão clássica da psicologia, a importância do que é inato e do que é adquirido na determinação da personalidade das pessoas.

Personalidade... Vejamos o que é isto de personalidade.

Segundo Gordon Allport, «personalidade é a organização dinâmica que resulta, no íntimo do indivíduo, daqueles sistemas psicofísicos que determinam o modo de adaptação ao meio, característico e próprio de cada indivíduo».

Repare nos pontos-chave da definição:

- Organização dinâmica;
- Diferenciação na forma de adaptação ao meio, que torna cada indivíduo único.

Comecemos por analisar o primeiro ponto-chave: Organização dinâmica.

ORGANIZAÇÃO DINÂMICA DA PERSONALIDADE

Segundo o autor citado, a personalidade desenvolve-se através da interação dinâmica daquilo a que ele chama as disposições inatas com o meio. As disposições inatas compreendem três conjuntos de fatores:

- Tendências comuns à espécie;
- Hereditariedade;
- Capacidade de aprender.

As **tendências comuns à espécie** são responsáveis, em primeira análise, por possibilitarem a nossa sobrevivência e determinarem a nossa estrutura de animal humano. É o que determina o fato de termos dois olhos, quatro membros e toda uma gama de reflexos, instintos e processos homeostáticos, por exemplo.

Como exemplos destes processos podemos citar a autorregulação da temperatura do corpo [que para se manter produz efeitos como a transpiração e o tremer de frio), o sentir fome e sede, a dor, as formas de Perceção do mundo comuns ao ser humano, etc.

Por instinto entende-se reações que respondem regularmente e de forma relativamente semelhante a determinados estímulos. Um instinto implica a existência de um «modelo» de adaptação ao meio, só que, diferentemente da grande maioria dos «modelos», estes não são aprendidos, mas inatos. Como exemplo pode-se citar o bebé ao mamar.

Segundo N. Tinbergan, «o instinto é um organismo, nervoso hierarquicamente organizado, que reage a determinados impulsos avisadores, disparadores e orientadores, tanto internos como externos, tendentes a conservar a vida e a espécie».

Uma das experiências que este autor relata é a seguinte: Uma gaivota põe os seus ovos no ninho. O ninho e o local onde este se encontra são conhecidos da gaivota. Mesmo que ela se afaste muito do ninho, consegue encontrá-lo de volta e continua a chocar os ovos. Durante uma ausência da gaivota, retiraram-se os ovos do ninho e colocaram-se mesmo ao seu lado. Quando voltou do seu «passeio», a gaivota sentou-se no ninho vazio e continuou a chocar, sem reparar nos ovos que se encontravam mesmo a seu lado.

Neste caso, o mecanismo disparador do instinto parece ser o ninho e não os ovos.

No ser humano, ao contrário dos animais irracionais, o peso dos instintos no comportamento é muito pequeno. A maioria das nossas formas de resposta é aprendida.

Este é um fator a que, generalizando, podemos aplicar a expressão «um homem tem algo em que é igual a todos os outros». Mas esta igualdade termina aqui (exceção feita em relação aos gémeos verdadeiros).

A **hereditariedade** é controlada por cromossomas e genes. É responsável por algumas características físicas, como a cor dos olhos e cabelos, a altura e, mesmo, características psicológicas, quanto mais não seja ao controlar a maneira como se desenvolvem as estruturas físicas. Determina não apenas a estrutura global do cérebro mas também certas formas de funcionamento.

Os métodos pelos quais a hereditariedade se transmite começam com a conceção, quando o óvulo da mãe se une ao(s) espermatozoide(s) do pai para formar um zigoto. O óvulo e o(s) espermatozoide(s) fundem-se numa célula, formada por um núcleo cercado por citoplasma, encerrado por uma membrana externa. É o núcleo dessa célula que contém o material genético que transmite as características hereditárias de pais para filhos.

Para além das características já mencionadas, existem fortes indícios que características como o grau de inteligência, emotividade e mesmo propensão à dependência de tóxicos (entre outras) estão relacionadas com o código genético.

Mas o ser humano não é apenas isto – genética – é antes o produto da interação disso com o meio ambiente. Embora não se possa afirmar, como o fez Watson em 1925, que «qualquer criança pode ser qualquer coisa através do condicionamento», a aprendizagem tem um papel determinante na formação da personalidade. A hereditariedade estabelece os limites do que o meio poderá moldar.

Como vimos atrás, o Homem procura, durante toda a sua existência, ter prazer e evitar a dor, ou seja, desenvolve modelos de resposta que lhe permitam exatamente isso – estar satisfeito.

Ao desenvolvimento desses modelos, ou seja, à alteração de condutas, é o que se chama **aprendizagem.**

Desde pequenos que procuramos as melhores respostas para obter aceitação por parte dos nossos pais e amigos. As nossas formas típicas de agir vão-se formando à medida que vamos sendo elogiados ou punidos, rejeitados ou aceites. Também, por vezes, procuramos imitar as pessoas que são para nós importantes – pais ou outros adultos que admiremos.

Digamos que o processo de desenvolvimento das nossas condutas típicas está relacionado com castigos e recompensas, em conjugação com seguir o exemplo de quem é para nós significativo.

Ter consciência disto é um fator extremamente importante para se conseguir obter das pessoas as condutas que consideramos desejáveis, nas organizações.

É um erro pensar que as pessoas não mudam após atingirem a idade adulta. As pessoas mudam sim, e tanto mais facilmente, quanto mais correta for a utilização de alguns princípios destinados a facilitar essa mudança.

- **Definição clara do que são valores, atitudes, comportamentos e objetivos que a organização pretende partilhar com os colaboradores**

É importante que sejam claramente definidos princípios orientadores da conduta das pessoas na empresa.

Imagine uma empresa onde o respeito pelo horário de trabalho seja sagrado. Uma vez chegada a hora de sair nada mais se faz. Se isto for um princípio veiculado até pelas chefias, é bastante provável que, se um cliente telefonar um minuto depois da hora de sair, já ninguém esteja disposto a resolver-lhe o problema.

Outra situação que se poderá utilizar como exemplo é o caso de termos de escolher entre atender um cliente ou ir a uma reunião com o nosso chefe. Dependendo do que for a cultura da empresa assim será a nossa escolha. Se for um valor partilhado na empresa que o cliente está sempre primeiro, então não restam dúvidas sobre qual a escolha a fazer. Se o que conta é a obediência e disponibilidade em relação às chefias, então a escolha será: «cliente?... são uns «chatos», aparecem sempre quando não devem... agora não posso atender porque tenho uma coisa muito mais importante – uma reunião com o meu chefe».

Se não existirem quaisquer princípios veiculados a este respeito, então a escolha ficará dependente do bom senso (e talvez lei do menor esforço) do empregado em questão.

Cada vez mais se fala em QUALIDADE TOTAL. Uma situação com que já tenho deparado em algumas empresas que pretendem utilizar esta filosofia de gestão, é que não existe um conhecimento uniforme por parte de todas as pessoas envolvidas no processo sobre o que é QUALIDADE e qual o seu papel no processo. Pressupõe-se que é um assunto óbvio, que as vantagens são de todos conhecidas e que são os empregados de nível mais baixo que são os culpados da não-qualidade. No entanto, nada disto é assim. Importa definir o que é qualidade, mostrar a todos qual o seu papel no processo e, essencialmente, partilhar a ideia de que a qualidade começa por cima, sendo responsabilidade de todos.

Numa organização onde o culto da autoridade seja uma realidade e o «respeito» seja mais importante do que os resultados, é provável que as chefias não admitam ser contrariadas e se julguem malvistas ao admitir os seus erros. Ao contrário, se os valores e atitudes veiculam resultados, interdependência e sinergia, então o mais provável é que o reconhecimento de um erro seja um sinal de inteligência e conformidade com os princípios que norteiam a atividade das pessoas na organização.

Com isto pretendo frisar a importância do meio nos comportamentos que as pessoas têm na empresa. Comportamentos inadequados são mais da responsabilidade das chefias e da cultura da empresa do que propriamente das pessoas que têm os desvios. Argumentos como «isso era óbvio», «ele é um preguiçoso» e «eles sabiam bem que não era assim que se fazia» são, normalmente, «desculpas de mau pagador» de quem não assume os seus erros como líder.

- **Fazer com que o exemplo venha de cima, com sinais inequívocos que reforcem o que são os valores, as atitudes, os comportamentos e os objetivos da empresa**

Infelizmente, não basta dizer que, de ora avante, o importante é dar mais atenção ao cliente, ser mais inovador ou assistir a mais reuniões de qualidade. Quando se fica pelo dizer, a tendência é que as pessoas concluam que se trata de mais uma moda, e como todas as modas, algo de passageiro.

Numa empresa que pretenda incentivar comportamentos de participação nos processos de tomada de decisão e onde, após ser implementado um programa de formação para fomentar esse comportamento, os principais diretores, para além de não assistirem a nenhuma sessão, continuem a ser autoritários no seu estilo de liderança, cria-se uma situação a que chamarei de «beneficência» em relação à empresa que leva a cabo a formação. Ou seja, só mesmo para dar dinheiro a ganhar a essa empresa é que a formação serve.

No que diz respeito à forma como os empregados assistem a essas ações será com um misto de descrédito e fastio, com comentários do estilo «lá vem mais uma mania daqueles» ou «eles é que deviam assistir a isto».

Em muitas empresas onde o processo de implementação da QUALIDADE tem falhado, essa falha deve-se, essencialmente, à falta de envolvimento da administração e direção-geral. Ou seja, o exemplo não vem de cima, como deveria.

Se o que pretende é que os seus colaboradores sejam mais atenciosos e orientados para o cliente, o melhor que tem a fazer é, após dizer-lhes como isso é possível e importante, ir para o balcão ou desempenhar as atividades s que envolvam contato com os clientes e fazer aquilo que pretende que eles façam. Dê o exemplo!!!

Se o que pretende é fomentar a participação, procure na próxima reunião que tiver com os seus colaboradores falar menos e ouvir mais. Não rebata tão prontamente as ideias que são contrárias às suas. Antes peça fundamentação (se possível numérica) dessas ideias. Faça com que todos falem antes de si. Reserve as suas opiniões.

Experimente e veja os resultados.

▪ Dar aos colaboradores a formação necessária ao ajustamento pretendido

Não basta dizer às pessoas para fazerem. É preciso ensinar como.

Como fazer reuniões produtivas, como ser profissional no atendimento, como aumentar a eficácia da liderança, como gerir melhor o tempo, como quantificar propostas de mudança...

Para todos os exemplos citados existem programas de aperfeiçoamento desenvolvidos e validados por numerosas empresas na área da formação.

Dizer o que se pretende e dar o exemplo só por si, não chega. É preciso ensinar às pessoas qual a melhor maneira de o fazer.

▪ Recompensar os comportamentos desejados e punir os indesejados

Conforme referimos anteriormente, uma recompensa é algo que satisfaz uma necessidade. Deve estar recordado dos tipos de necessidades atrás apresentados.

Também vimos que as recompensas podem ser internas, isto é, não estarem dependentes do reconhecimento de ninguém, ou externas, ou seja, serem dadas por alguém com poder e reconhecimento para tal. É deste segundo tipo que iremos falar.

Estas recompensas podem ser de dois tipos: materiais ou simbólicas. Por recompensas materiais refiro-me a dinheiro ou bens.

O processo tradicional de dar este tipo de recompensas é o envelope no final do ano.

Os principais problemas deste tipo de procedimentos são: serem pouco objetivos, criando um mau ambiente social na empresa (isto porque esta atribuição não é efectuada com base em critérios bem definidos e conhecidos) e serem muito espaçados no tempo, logo não imediatamente associados ao comportamento que queremos reforçar (premiar).

Dar prémios anuais ou baseados em resultados atingidos no decorrer de um ano económico deve ter outra finalidade distinta que não a de premiar comportamentos adequados aos valores da empresa. Isso serve para aumentar o sentimento de pertença, ou seja, fazer com que cada um se sinta um pouco empresário, que sinta que está também a trabalhar para si.

Os prémios destinados a reforçar comportamentos, devem ser tão frequentes quanto possível e dados sempre que se verifique a existência de qualquer «feito» que o justifique.

Várias empresas têm processos pelos quais todos os meses é distinguido um empregado. O «empregado do mês» é escolhido por proposta do respectivo chefe, após aprovação da comissão ou pessoa com poderes para assumir essa decisão. Consoante as empresas, assim a distinção é meramente simbólica (uma medalha, um troféu), pecuniária ou ambas.

Conforme nos indicam os numerosos estudos efectuados pelos psicólogos, sempre que se queira que algum comportamento seja aprendido, deve-se premiar o sujeito sempre que o manifeste, prémio esse que deve ser dado tão próximo da observação do comportamento quanto possível.

Premiar algo passados muitos meses é de utilidade duvidosa sempre que o pretendido seja «moldar» comportamentos.

Várias empresas, conscientes desta problemática, já optaram por efetuar três e mesmo quatro vezes por ano avaliações de desempenho. O esquema tradicional de somente fazê-lo uma vez por ano, tira o alcance que essa metodologia pode ter.

Poderá indagar-se sobre como saber se as pessoas que lidam diretamente com o público estão a desempenhar de acordo com os padrões de atendimento profissional determinados pela empresa, para assim poder premiar o bom desempenho. Este é, efetivamente, um problema que preocupou muitos profissionais, mas, à semelhança de quase tudo na vida, o engenho do Homem permitiu resolver mais esta importantíssima incógnita.

Para além dos clássicos questionários que se pede aos clientes para preencherem, cobrindo as várias fases do processo de atendimento (que embora permitam aferir a qualidade do atendimento global, não permitem identificar, exatamente, as contribuições individuais), algumas empresas optaram por um esquema a que chamarei «o cliente avaliador».

O cliente avaliador é alguém de fora, ou mesmo da empresa, que utiliza os serviços como se de um cliente qualquer se tratasse. Essa pessoa, que deve estar suficientemente treinada para identificar os pontos fortes e fracos do atendimento, fará posteriormente o seu relatório, relatório esse que deverá servir como base para a atribuição de prémios.

Um importante banco norte-americano utiliza uma técnica bastante curiosa e que tem surtido bons resultados.

Alguns quadros superiores do banco visitam ocasionalmente balcões e, fazendo-se passar por clientes, avaliam a *performance* de quem os atende. Imediatamente após o atendimento, se porventura foi muito bom, essa pessoa oferece um envelope com uma nota de dez dólares lá dentro. Esse envelope foi especialmente concebido para o efeito e na face consta, para além da identificação de que é uma menção honrosa, o nome e assinatura do elemento que o atribuiu, a data de atribuição e o nome do funcionário que o recebeu.

Escusado será dizer que praticamente ninguém gasta a nota que lá vem dentro...

Este tipo de procedimentos pode, à primeira vista, parecer um pouco «policiamento». Mas veja as coisas por outro prisma: se não se identificarem e premiarem os comportamentos adequados (que muitas vezes exigem um esforço real por parte dos funcionários) corremos o risco de acontecer a situação que todos nós tão bem conhecemos de «quer faça bem ou mal, o resultado é sempre o mesmo». Nada melhor para desincentivar esforços do que essa situação.

Alguns leitores mais cépticos poderão argumentar que se uma pessoa é bem formada não necessita de ser «vigiada» para tratar profissionalmente um cliente. Na generalidade, tenho de concordar, mas também não nos podemos esquecer que igualmente as pessoas bem formadas estão ocasionalmente maldispostas, com falta de paciência ou, mesmo, reagem mal a clientes mais incómodos. Mais, essas pessoas que são boas profissionais, por certo gostarão de ser distinguidas dos seus colegas que não o são. Este é um meio de o fazer.

Conforme já referi, as recompensas podem ser meramente simbólicas. Um tipo de recompensa sobejamente conhecido são as condecorações, militares ou não, que são atribuídas a quem se distingue numa área específica da vida civil ou militar.

Nas empresas podemos utilizar esta técnica. São várias as que o fazem com sucesso. Dar um alfinete de ouro com o emblema da empresa, um diploma que possa ser emoldurado e colocado no escritório, um pequeno troféu, etc. são exemplos de alguns prémios que se podem instituir. Uma coisa é, no entanto, importante: o prémio deve ser algo que esteja permanentemente visível ou pelos clientes ou pelos colegas. Algo que esteja na lapela, na parede do escritório ou mesmo em cima da secretária de trabalho.

Os nossos comportamentos são fruto de uma aprendizagem acompanhada de reforço positivo (prémios), quando adequados.
Numa primeira fase, esses prémios devem ser tão frequentes quanto possível, por forma ao comportamento passar a fazer parte da nossa maneira característica de agir. Uma vez assimiladas as regras, é a nossa própria consciência que premeia o comportamento adequado. Os prémios poderão passar a ser menos frequentes.

O processo deve ser da seguinte forma:

- Explicar claramente quais os comportamentos adequados;
- Dar a formação necessária para o desenvolvimento desses comportamentos;
- Criar sistemas de controlo para verificação da ocorrência do comportamento adequado;
- Premiar quando adequado.

Também nos vem da Psicologia a noção de que a melhor maneira de extinguir um comportamento inadequado é punir o sujeito sempre que ele o tenha. Em experiências com animais, a punição pode ser, por exemplo, um choque eléctrico, sempre que se observe o comportamento que se quer extinguir.

Não... não estou a sugerir que aplique choques eléctricos aos seus colaboradores... Existem outras formas de punição mais adequadas e menos selvagens.

A ausência de um prémio pode funcionar, só por si, como uma punição. Vermos os nossos colegas a serem distinguidos e nós «nada», provoca um certo mal-estar que acaba funcionando como uma punição. Também o fato de as pessoas que evidenciem comportamentos mais adequados serem preferidas no que diz respeito a promoções, por exemplo, é outra forma de punir quem não está a desempenhar profissionalmente o seu lugar.

Durante toda a nossa vida, o processo de aprendizagem decorre desta forma. Vamos escolhendo os comportamentos que mais gratificações nos dão (imediata ou não, vinda do interior ou do exterior) relativamente às várias situações que se nos deparam no dia-a-dia.

DIFERENCIAÇÃO NA FORMA DE ADAPTAÇÃO AO MEIO

Por tudo o que foi dito, penso que é pacífica a aceitação do segundo ponto-chave da definição de Gordon Allport: diferenciação na forma de adaptação ao meio, que torna cada indivíduo único.

Para além da já referida componente genética, as diferentes experiências por que vamos passando tornam-nos diferentes de todas as outras pessoas. Podemos encontrar pessoas com valores idênticos, atitudes idênticas, até mesmo interesses idênticos. No entanto, por certo não têm modelos de resposta idênticos a todas as situações semelhantes. A amplitude das diferenças é que pode ser reduzida a um nível de aceitação que permita uma adequação perfeita ao tipo de organização de que as pessoas fazem parte.

Em última análise trata-se de tentar proporcionar às pessoas nas organizações um pouco de felicidade, considerando a felicidade como um estado em que nos sentimos os nossos aceites pelos outros, a um nível que pretendemos, sem que para isso tenhamos de fazer coisas por nós consideradas como penosas. Em suma, fazermos o que gostamos, como gostamos, sem reprovação por parte de quem para nós é significativo.

SOBRE AS QUESTÕES

Meditemos, agora, sobre as questões do Primeiro Questionário (1.ª parte) que medem esta dimensão.

O ser humano, de uma forma geral, está receptivo a «aprender» tudo quanto perceba ser capaz de lhe vir a proporcionar bem-estar e a rejeitar tudo quanto perceba como uma ameaça ou crítica «destrutiva». Ao afirmarmos que as pessoas só gostam de ouvir opiniões quando são concordantes com as suas (e se porventura às vezes é assim), isso deve-se, em geral, não ao fato de a opinião ser contrária, mas sim à forma como ela é dada.

Sempre que ao formularmos uma opinião contrária à de outrem, colocarmos a interação no plano «vês como eu tenho razão e tu não tens», o mais provável é que isso seja sentido como uma verdadeira ameaça ao «eu» por parte de quem está a ser contrariado, que só a aceitará se não puder de forma alguma rejeitá-la e, nesse caso, por certo, passará a nutrir uma forte antipatia pela nossa pessoa.

Ao contrário, se ao manifestarmos a nossa discordância conseguirmos pôr a interação ao nível de estarmos genuinamente interessados em ajudar a outra pessoa, por certo que a receptividade será muito maior e nunca isso será encarado como uma ameaça.

Assim, sou levado a inclinar-me mais para concordar com a afirmação de que o ser humano não se importa de ser contrariado, ressalvando o fato de se conseguir fazer sentir que escutando a nossa opinião poderão advir vantagens reais.

O mesmo se aplica quer a pessoa que ouve uma opinião contrária seja chefe ou subordinado. Também para aqui é importante a cultura existente na empresa.

Como anteriormente referi, se a organização exortar valores como a obediência cega à hierarquia e o individualismo, o reconhecimento de um erro por parte de um superior poderá tornar-se num fato mal aceite e mesmo criticável. Ao contrário, se a organização privilegiar o trabalho de equipa, a cooperação e, acima de tudo, a eficácia das equipas, então o reconhecimento de um erro não é mais do que um fato do quotidiano aceite como uma trivialidade.

Ao fim e ao cabo, quem é que não erra, afinal?

Uma questão que costuma levantar alguma polémica nas ações de formação que costumo conduzir, é a 13. Quando um colaborador é desinteressado e desleixado, isso deve-se, quase sempre, às suas características de personalidade.

Volte atrás e veja qual a pontuação que atribuiu a esta questão.

Vejamos o seguinte: Nem todas as pessoas têm «jeito» para fazerem as mesmas coisas. Ou derivado das nossas aptidões ou de experiências bem ou mal sucedidas ao longo da nossa vida, certas atividades são-nos mais queridas do que outras. Normalmente gostamos de atividades que nos permitam satisfazer as nossas necessidades.

É normal que uma pessoa que seja dinâmica, que goste da diversidade, não aprecie desempenhar uma função monótona e de pouca atividade. Da mesma forma, uma pessoa que seja independente, com uma forte necessidade de realização, não gostará, por certo, de trabalhar sobre a direção de alguém autoritário e déspota, que não lhe dê oportunidade de satisfazer as suas necessidades no desempenho da sua função.

Em suma, para que o desempenho de uma pessoa seja bom, duas vertentes devem ser consideradas:

- Adequação das características da pessoa às características da função;
- Adequação das características da pessoa ao tipo de cultura da empresa, reflectido, em primeira linha, pela forma típica de supervisão praticada pelas chefias.

Assim, é problemático generalizar que, se uma pessoa é desleixada ou desinteressada, isso tenha a ver com a sua personalidade. Terá, isso sim, a ver com uma desadequação do perfil da pessoa com a situação, realidade essa que, com um pouco de imaginação, poderá ser alterada (lembre-se do exemplo do empregado bancário que sobressaiu no desempenho de funções sindicais).

Finalmente, algumas considerações sobre a questão 14. O ser humano médio preocupa-se pouco com o bem-estar dos seus semelhantes.

Correndo o risco de poder ser facilmente «atacado» por defender esta posição, creio veementemente que a generalidade das pessoas foram educadas de forma a serem minimamente altruístas. Quanto mais não seja, pertencemos a uma cultura eminentemente cristã, onde a ajuda ao próximo é algo fortemente apontado como um dos pilares da moral. É difícil quantificarmos essa «devoção» aos outros, mas creio firmemente que ela existe num grau aceitável.

No entanto, como a generalidade dos comportamentos, este tipo de manifestações de altruísmo também pode ser condicionado. Ou seja, através do reforço positivo, poderemos conseguir que as pessoas se empenhem mais em ajudar os outros.

Utilizando o exemplo militar, são frequentemente atribuídas condecorações a soldados que arriscam a sua vida para salvarem camaradas em perigo. Porque não distinguir também, na empresa, empregados que sobressaíam por prestar uma boa colaboração aos colegas?

Vejamos o cenário organizacional da seguinte forma. Todos numa empresa têm clientes. Uns têm os chamados clientes externos (que são o que tradicionalmente chamamos clientes) e os clientes internos (que são aquelas pessoas que de alguma forma beneficiam do nosso trabalho, conforme já referido anteriormente).

Da mesma forma que podemos (e devemos) avaliar a satisfação dos clientes externos, também podemos (e devemos) avaliar a satisfação dos clientes internos.

Será que os vários departamentos estão contentes com o departamento de Recursos Humanos? E com a Publicidade? A Contabilidade dá-nos o apoio necessário para a elaboração dos nossos orçamentos? Dá-nos a informação atempada sobre os desvios orçamentais?

Isto são simplesmente algumas áreas em que podemos avaliar a *performance* dos nossos «fornecedores internos».

Veja o seguinte exemplo: Numa empresa norte-americana, foi instituído um prémio na forma de fichas que podem ser utilizadas num refeitório, que são atribuídas por qualquer pessoa a qualquer outra como forma de reconhecimento de qualquer serviço que tenha sido particularmente valorizado. Isto tem mais um carácter simbólico-material, já que essas fichas raramente são apresentadas no refeitório. As pessoas preferem guardá-las como «recordação», como no exemplo do banco.

É, simplesmente, uma forma de com um certo cerimonial dizer «estou-te agradecido pela colaboração». Parece caricato, mas o certo é que funciona.

Concluiria este capítulo frisando a importância de premiar os comportamentos adequados.

Nunca perca a oportunidade de elogiar alguém por algo que, em seu entender, mereça ser elogiado. Muitas vezes, um simples elogio tem mais poder do que uma nota de 50 euros.

RESUMO

Neste capítulo apresentou-se o conceito de personalidade.

Segundo Gordon Allport, «personalidade é a organização dinâmica que resulta, no íntimo de um indivíduo, daqueles sistemas psicofísicos que determinam o modo de adaptação ao meio, que torna cada indivíduo único».

Ainda segundo o mesmo autor, a personalidade compreende três conjuntos de fatores:

- Tendências comuns à espécie;
- Hereditariedade individual;
- Capacidade de aprender.

Apresentou-se um esquema de socialização que compreende 4 passos:

- Definir claramente quais são os valores, atitudes, comportamentos e objetivos que a organização pretende partilhar com os colaboradores;
- Fazer com que o exemplo venha de cima, com sinais inequívocos que reforcem o que são os valores, atitudes, comportamentos e objetivos;
- Dar a formação necessária ao ajustamento dos colaboradores ao pretendido;
- Recompensar os comportamentos desejados e punir os indesejados.

Finalmente, fizeram-se algumas considerações sobre as afirmações que medem esta dimensão.

SUGESTÕES

1. Peça aos seus colaboradores que façam uma lista das áreas em que julguem necessitar de formação. Peça que, para cada uma das delas, indiquem as razões por que a escolheram e quais os benefícios que julgam daí tirar.

Depois de receber de todos, analise-as para ver se as opiniões entre eles coincidem. Prepare um resumo sobre as suas conclusões e distribua-o entre todos. Proporcione uma reunião para discutirem o assunto e elaborarem um documento que consubstancie um pequeno programa de formação. Proponha, a quem o possa decidir, efetuá-lo. Se estiver nas suas mãos decidir, não hesite, promova-o.

2. Escolha alguns temas relativos à sua área de atividade e proponha à sua equipa de trabalho realizar umas sessões de «reflexão» sobre eles. Para esse efeito, cada um ficará responsável por preparar um tema que será discutido em cada sessão.

Preferencialmente, essas sessões devem ser efectuadas com uma periodicidade trimestral e em regime residencial, durante um fim de semana. Se isso não for possível, faça-o numa tarde que anteceda o fim de semana.

No final de cada sessão, faça uma ata que resuma o que ali foi tratado, qual a sua importância para o grupo e quais as principais ideias retiradas para aplicação.

3. Estabeleça um programa de recompensas simbólicas, baseado na qualidade do serviço prestado ao cliente. Caso os seus colaboradores contactem diretamente clientes «externos», idealize um sistema que lhe permita ajuizar o impacto do desempenho de cada um. Se necessário utilize o esquema do «cliente avaliador». Caso a sua seção não contacte clientes externos, faça a apreciação em relação aos «clientes internos». Cliente interno é toda a pessoa que utilize, de alguma forma, o trabalho realizado por algum colega.

Para estabelecer este programa, tenha dois pontos em consideração:

- Utilize recompensas que possam, de alguma forma, ser ostentadas no local de trabalho.
- Discuta os detalhes de implementação com a sua equipa.

Uma sugestão:

Mesmo que trabalhe numa grande organização, não fique à espera que estas ideias sejam propostas pelo departamento de Recursos Humanos. Comece na sua seção/serviço/departamento/direção. Isto é algo para o qual não necessita de «autorizações» especiais. Os bons resultados que obtiver, por certo farão deste procedimento uma moda na sua empresa. E não há como ser reconhecido pelo lançamento de uma moda...

ESTUDO DE CASO

O Diretor Comercial vai fazer a reunião mensal com a equipa.

O dia não tem corrido bem e nem teve tempo de fazer a agenda da reunião... pensava que ia ter os 20 minutos de que precisava, mas, em vez disso, teve que resolver duas situações complicadas com fornecedores, que surgiram logo pela manhã. Consulta a correr os dados que lhe enviaram da Administração e pensa rapidamente nalguns objetivos que pretende ver desenvolvidos pela equipa. A sua disposição não é a melhor.

Lembra-se que, dois dias antes, avisou Francisco Peres que queria que ele preparasse uma formação de 10 minutos sobre Gestão de Stocks (porque considera que este deve desenvolver os conhecimentos nessa área, até o mandou a uma formação com uma empresa especializada na área, há duas semanas e quer que este continue a treinar as suas capacidades de falar em público e sobretudo de criar métodos de trabalho).

Tem de o mandar organizar-se, senão sabe que ele se perde, não se prepara e depois inventa uma desculpa.

«Não há agenda, mas eu já sei que vamos ter de debater os resultados e distribuir alguns objetivos para este ano. Para além disso, tenho algumas indicações estratégicas que a Administração quer que eu passe aos meus Gerentes... tenho a certeza de que me vou lembrar de tudo. A minha cabeça e estes e-mails do Administrador devem ser suficientes!»

A equipa reúne-se e o Diretor Comercial dá início à reunião.

«Bem, minhas senhoras e meus senhores, hoje, como eu não tive tempo de organizar a reunião, a parte da informação vai ser muito rápida. Fazem o favor de estar com atenção e de não interromperem, que é para ver se esta parte demora mesmo 5 minutos! Primeiro, a questão do novo cartão cliente...».

E avança... «Vamos ao que interessa: vendas! Vamos lá ter em atenção as vendas nas diferentes secções. Não se esqueçam que não temos só o Alimentar. A *ménage* apresenta resultados muito aquém do pretendido. Exijam das vossas equipas que façam vendas cruzadas... vendas cruzadas. Passo a vida a dizer o mesmo! Têm que apresentar mais resultados este mês...é que nem é preciso dizer-vos mais nada... os resultados falam por si!»

E continua...

«João Stock, vi uma das suas colaboradoras de Caixa a falar com um cliente num tom agressivo há 3 dias, quando estava enfiado no seu gabinete... o que é que se passa?! Veja se começa a circular na Loja. Já falei com a colaboradora e dei-lhe uma reprimenda. Nem quero saber os motivos dela...o cliente tem sempre razão...»

João Stock tenta dizer algo mas...

«Muito bem, João Stock, depois falamos disso, mas ainda bem que está a par!»

«Bem», conclui Francisco Sales, «penso que esta é a melhor forma de nos organizarmos... e é claro que conto convosco!»

Entretanto, lembra-se que pediu a Francisco Peres para fazer 10 minutos de formação sobre a Gestão de Stocks... Este avança, contrariado, dizendo «que não teve muito tempo de preparação e não é a área que mais domina...» e faz a sua apresentação, chamando a atenção para a importância de se fazer uma correta gestão dos *stocks*, o que permite fazer consultas rápidas à situação das existências e mantém informação da quantidade física existente por loja e armazém. Mas termina de forma irónica: «Mas já sabem que vender é que é importante... o resto logo vem por acréscimo».

No final, Francisco Sales acrescenta... «Obrigado, Francisco Peres, mas para a próxima agradeço que me envie o plano sobre o que vai falar, com antecedência. E pena que não tenha percebido que a preparação é fundamental para o êxito de uma ação de formação ou até mesmo de uma reunião. Continua a fazer como bem lhe apetece...»

Francisco Peres responde, com um ar verdadeiramente aborrecido: «Sim, sim, Sr. Francisco, mas tenho a certeza de lhe ter enviado uma cópia há 3 dias e de o Sr. ter dito que depois via mas que parecia estar tudo bem...»

Para reflexão:

Comente a atuação do Diretor Comercial na reunião.

Que influência poderá ter a atuação do Diretor Comercial (e a sua disposição menos positiva) no comportamento futuro dos gerentes?

EM JEITO DE CONCLUSÃO

Ao longo deste livro, abordei alguns aspetos importantes para a gestão de pessoas. De uma forma geral, compreender os fenómenos da motivação e liderança são chave para melhorar o desempenho das equipas. Mas não quero terminar o livro sem lhe apresentar um modelo operacional de como é que as várias temáticas abordadas se interligam e, mais importante, um modelo que lhe pode servir para fazer um diagnóstico quando pretende compreender a realidade que vive e alterá-la, claro, para melhor.

O modelo, a que dei o nome de EDS (Energia-Desempenho-Satisfação), procura encadear o processo motivacional por forma a conhecer o maior número possível de variáveis controláveis, para que se possa influenciar o resultado final, quer através do desempenho (variável que interessa às organizações) quer através da satisfação (variável que interessa às pessoas) (ver esquema da página seguinte).

De acordo com este modelo, a energia é o impulsionador do desempenho. Os fatores que a condicionam são:

Liderança – Quanto mais adequado o estilo de liderança, maior a componente volutiva associada à energia. Uma boa forma de analisar este fator é através do modelo de liderança situacional atrás apresentado.

Perceção do poder – Outra variável que condiciona a energia é o grau em que uma pessoa sente que está na sua esfera de ação conseguir atingir o objetivo. Quanto mais uma pessoa sentir que depende só de si conseguir atingir algo (mantendo-se tudo o resto constante) maior a energia que terá para o fazer.

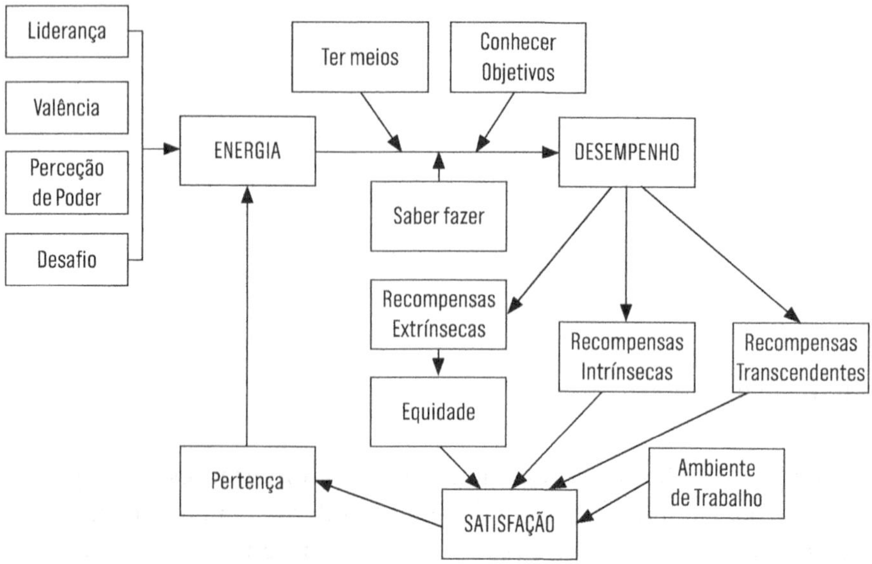

Valência – A valência representa a intensidade da necessidade subjacente ao comportamento. Quanto mais intensa a necessidade, maior a energia produzida. Por exemplo se a fome ou sede forem muita a energia que pomos na procura de comida ou bebida será imensa.

Desafio – O desafio representa o grau em que um individuo pensa que consegue atingir determinado objetivo. À medida que o desafio vai aumentando a energia aumentará, também, mas só até determinado ponto. Há um ponto máximo a partir do qual o desafio começa a fazer diminuir a energia, que é o momento em que o sujeito começa a pôr em causa a capacidade de o atingir. Na gíria podemos designa-lo por ADMC – Areis demais para a minha camioneta.

Determinada a energia, há que analisar a sua aplicação, ou seja, a conversão de energia em desempenho ou resultados. Como em muito sistemas, mecânicos, por exemplo, podem existir fatores de dissipação de energia, ou seja, fatores que impeçam que toda a energia se converta em resultados. São eles:

Saber fazer – Ter as competências adequadas é fundamental para que a energia seja transformada em desempenho. Isto significa que, com metodologias de avaliação e desenvolvimento de competências, os ganhos de eficiência podem ser consideráveis.

Ter meios – A existência de meios materiais e humanos é fundamental para a produção de resultados. É um fato que os recursos são, por definição escassos. No entanto, existe um limiar crítico abaixo do qual se torna muito difícil produzir bons resultados. O grau em que as pessoas têm, ou pensam que têm, os recursos necessários influencia muito os seus comportamentos.

Conhecer os objetivos – Uma organização é composta por pessoas que, no limite, devem ter um objetivo comum. No entanto, existe especialização de objetivos e é fundamental que todos conheçam bem os seus para que tudo corra pelo melhor. Como atrás referi, por vezes as chefias têm a ilusão de que os seus colaboradores sabem sempre bem aquilo que deles se espera. No entanto, uma vez mais digo que nem sempre é assim. Muitas vezes aquilo que pensamos que esperam de nós e aquilo que realmente esperam, não tem coincidência.

A energia, condicionada pelos fatores que acabei de referir, dá origem ao desempenho que reflete, ou deverá refletir, o atingir dos objetivos organizacionais. No entanto, o que as pessoas que o produzem procuram é, em primeiro lugar, a satisfação. Produzem resultados na expectativa de satisfazer necessidades. As suas necessidades. Dessa forma, associado ao desempenho, aparece a variável satisfação, que reflete o grau em que os comportamentos das pessoas contribuíram para a satisfação das suas necessidades. A satisfação depende de:

Recompensas extrínsecas – São todo o tipo de recompensas que se podem obter de outras pessoas, nomeadamente, da organização, das chefias, dos colegas, dos clientes, dos fornecedores, etc. Estão dentro desta categoria as recompensas pecuniárias, as promoções ou os simples elogios.

Equidade – Esta variável depende do quão justas consideramos que foram as recompensas extrínsecas, quando comparadas com as que outros receberam no que nós consideramos circunstâncias comparáveis.

Recompensas intrínsecas – Por este fator entende-se o prazer que pode proporcionar o simples exercício da função. Enquadra-se aqui, por exemplo, o estado de fluxo que atrás referi.

Recompensas transcendentes – Neste fator considero aquilo a que alguns autores chamam de felicidade moral, ou seja, fazer aquilo que consideramos adequado fazer, em termos dos nossos valores éticos e morais, independentemente do gosto ou sacrifício de o fazer.

Ambiente de trabalho – Por último uma outra variável que pode proporcionar satisfação é o ambiente físico e psicológico de trabalho, ou seja gostar do local de trabalho em termos de condições ambientais e ter um bom relacionamento com as chefias e colegas.

Pertença – Quanto mais vezes se obtiverem elevados níveis de satisfação no desempenho de uma função, maior a relação afetiva que se desenvolve em relação à organização. Conforme atrás falamos, desenvolve-se um sentimento de pertença em relação à empresa, uma atitude positiva de aproximação. Essa pertença produz mais energia, fechando assim o sistema. Imagine aquela experiência que se fazia na escola de esfregar uma esferográfica numa camisola de lã para atrair bolinhas de papel. Quanto mais vezes esfregávamos, maior a energia de atração. Com a pertença passa-se mais ou menos o mesmo; quanto mais vezes nos sentimos satisfeitos na organização, mais gostamos dela, mais a ideia de lá estar nos é agradável, maior o nosso "amor à camisola".

Todas estas variáveis podem ser medidas por forma a descobrir disfunções das organizações. Ou então, se quiser diagnosticar um problema de desempenho de uma ou poucas pessoas, pode utilizar estas variáveis como quadro de referência. A vantagem que eu vejo neste modelo é que nos ajuda a visualizar o processo todo, desde o que despoleta os comportamentos, os fatores que o inibem, e finalmente a satisfação/felicidade das pessoas.

Como penso que ficou claro ao longo do livro, ser melhor líder é algo que se pode aprender. No entanto quero finalizar por me opor à ideia de Maquiavel, citada no Príncipe de que é melhor ser temido do que amado para se ser um bom governante. Uma vez que o meu quadro de referência são as organizações produtivas e não o sistema político, direi que considero mais eficaz (e estou acompanhado por muitos investigadores nesta área) que é melhor, de fato, ser amado que temido. É sua responsabilidade como líder, atingir os objetivos que a organização espera de si. É, no entanto, também sua responsabilidade, procurar fomentar a felicidade dos que consigo trabalham.

ÍNDICE